有吉尚哉
＝監修
芝 章浩
下田顕寛
山本俊之
＝編著

Q&A
金融サービス仲介業

Q&A Financial Service Intermediary Business

一般社団法人金融財政事情研究会

はしがき

テクノロジーの発展により、取引社会が急速に変容しており、金融分野もその例外ではない。すでに使い古されつつある言葉であるが、FinTechのもと、ITを活用した従来にはなかったサービスが考案され、実施されるようになってきており、それを後追いして制度改正も頻繁に行われている。

必ずしもITを利用したサービスだけが対象となるものではないが、2021年11月1日より施行されることとなった金融サービス仲介業制度も、FinTechの流れのなかで立案・制定された法制度である。この制度により、銀行・証券・保険のサービスをワンストップで提供しやすくなることで、利便性の高い金融サービスの展開が期待されている。一方で、取扱い可能な金融商品・金融サービスが限定されていることなどから、仲介業者にとって使い勝手が悪く、制度の利用が進まないことを危惧する声もある。金融サービス仲介業制度がどのように活用されていくかは、今後の民間事業者の取組次第であり、実際に利用されるかどうかは、民間の創意工夫に委ねられている。そして、制度を活用するためのビジネスモデルの検討にあたっては、金融サービス仲介業制度自体の内容や特性を十分に理解することが前提となろう。

本書は、芝章浩、下田顕寛、山本俊之の３名の編者を中心に、西村あさひ法律事務所に所属し、金融規制やFinTechの分野を専門とする総勢８名の弁護士が執筆を行い、Q&A形式で金融サービス仲介業制度の解説を行うものである。金融サービス仲介業の登録を受けることを検討している事業会社の法務・実務担当者が制度の理解を深めることや、登録を受けた金融サービス仲介業者の法務・実務担当者が日常の業務運営の参考とすることを主な目的として、本書の執筆を企画した。本書が金融サービス仲介業制度の利用促進の一助となれば、執筆者一同、望外の喜びである。

本書の刊行にあたっては、一般社団法人金融財政事情研究会の花岡博氏に多大なご尽力をいただいた。金融サービス仲介業制度の施行にあわせてタイムリーに本書の発刊が実現したのは、同氏の舵取りによるところが大きく、心から感謝の意を表したい。

2021年10月

執筆者を代表して

有吉　尚哉

【監修者紹介】

有吉　尚哉（ありよし・なおや）

東京大学法学部卒業
西村あさひ法律事務所　パートナー弁護士
第一東京弁護士会所属
［主な職歴等］
2009年　金融法委員会委員（現任）
2010～2011年　金融庁総務企画局企業開示課専門官
2013年　京都大学法科大学院非常勤講師（現任）
2013年　日本証券業協会「JSDAキャピタルマーケットフォーラム」専門委員（現任）
2018年　武蔵野大学大学院法学研究科特任教授（現任）
2020年　日本証券業協会「事故確認委員会」委員（現任）
2020年　金融審議会「市場制度ワーキング・グループ」メンバー（現任）
2021年　一橋大学大学院法学研究科非常勤講師（現任）
［主な著書］
『金融機関コンプライアンス50講』（共編著、金融財政事情研究会、2021年）、『実務解説改正会社法〔第２版〕』（共著、弘文堂、2021年）、『リース法務ハンドブック』（共編著、金融財政事情研究会、2020年）、『個人情報保護法制大全』（共著、商事法務、2020年）、『債権法実務相談』（監修・共著、商事法務、2020年）、『金融資本市場のフロンティア』（共著、中央経済社、2019年）、『金融とITの政策学——東京大学で学ぶFinTech・社会・未来』（共著、金融財政事情研究会、2018年）、『ファイナンス法大全（上・下）〔全訂版〕』（共編著、商事法務、2017年）
［本書担当］
Ｑ１～Ｑ４

【編著者紹介】

芝　章浩（しば・あきひろ）

東京大学法学部／コーネル大学ロースクール（LL. M.）各卒業
西村あさひ法律事務所　パートナー弁護士
第一東京弁護士会所属／ニューヨーク州弁護士
［主な職歴等］
2011～2014年　金融庁総務企画局企業開示課専門官
（併任：同局市場課（2012年）、同局企画課調査室（2012～2013年）、同課信用制度参事官室（2013～2014年））
2017～2018年　株式会社三菱UFJ銀行（シンガポール支店）
2021年　東北大学法科大学院非常勤講師（金融法）
［主な著書・論文等］
「暗号資産の移転その他の処分の法律関係と実務」『暗号資産の法的性質と実務』金融・商事判例 増刊号No.1611（2021年）、『金融機関コンプライアンス50講』（共著、金融財政事情研究会、2021年）、「パンデミックと貸出金融機関」ジュリスト1551号（共著、2020年）、『金融資本市場と公共政策――進化するテクノロジーとガバナンス』（共著、金融財政事情研究会、2020年）、「トークン・ビジネス法務入門：第１回～第６回」ビジネス法務19巻12号・20巻１号・３号～６号（2019年・2020年）、「暗号資産の民事法上の取扱い」NBL1138号（2019年）、『ファイナンス法大全（下）〔全訂版〕』（共著、商事法務、2017年）、『アジアにおけるシンジケート・ローンの契約実務と担保法制』（金融財政事情研究会、2016年）、『資産・債権の流動化・証券化〔第３版〕』（共著、金融財政事情研究会、2016年）、『FinTechビジネスと法25講――黎明期の今とこれから』（共著、商事法務、2016年）、「ビットコインと法」『ブロックチェーンの衝撃』（日経BP社、2016年）、『金融商品取引法コンメンタール２――業規制』（共著、商事法務、2014年）
［本書担当］
Ｑ５～Ｑ７、Ｑ34、Ｑ46

下田　顕寛（しもだ・あきひろ）

慶應義塾大学法学部法律学科／慶應義塾大学法科大学院各卒業
西村あさひ法律事務所　アソシエイト弁護士
第一東京弁護士会所属

［主な職歴等］
2018～2020年　金融庁総合政策局総合政策課　出向
［主な著書・論文等］
『ファイナンス法大全（上・下）〔全訂版〕』（共著、商事法務、2017年）、『The Private Equity Review―Third Edition―』（共著、Law Business Research Ltd、2014年）、『投資事業有限責任組合の契約実務』（共著、商事法務、2011年）、『信託の実務Q&A』（共著、青林書院、2010年）、『社会インフラとしての新しい信託』（共著、弘文堂、2010年）
［本書担当］
Q20～Q27

山本　俊之（やまもと・としゆき）

慶應義塾大学環境情報学部／慶應義塾大学法科大学院各卒業
西村あさひ法律事務所　カウンセル弁護士
第二東京弁護士会所属
日本証券アナリスト協会認定アナリスト、国際公認投資アナリスト
［主な職歴等］
2000～2005年　株式会社格付投資情報センター
2007～2008年　メリルリンチ日本証券株式会社
［主な著書・論文等］
「ESG投資の視点・手法と日本法における受託者責任」NBL1189号（共著、2021年）、『金融機関コンプライアンス50講』（共著、金融財政事情研究会、2021年）、『AIの法律』（共著、商事法務、2020年）、「金融AIを巡る法規制は発展途上　多角的視点が鍵を握る」日経FinTech2020年11月号（共著）、『個人情報保護法制大全』（共著、商事法務、2020年）、『最新　契約書モデル文例集』（共著、新日本法規出版、2019年）、「AIを利用した公募投信の現状」月刊金融ジャーナル2019年２月号（共著）、『ファイナンス法大全（上・下）〔全訂版〕』（共著、商事法務、2017年）、『FinTechビジネスと法25講――黎明期の今とこれから』（共著、商事法務、2016年）
［本書担当］
Q11～Q13、Q35、Q42～Q45、Q48

【執筆者紹介】

飯尾　誠太郎（いいお・せいたろう）

慶應義塾大学法学部卒業
西村あさひ法律事務所　パートナー弁護士
第一東京弁護士会所属
不動産証券化協会認定マスター
［主な職歴等］
2014～2016年　住商リアルティ・マネジメント株式会社　資産運用部　出向
［主な著書・論文等］
「新型コロナウイルス感染症等の影響による社会経済情勢の変化に対応して金融の機能の強化及び安定の確保を図るための銀行法等の一部を改正する法律による銀行法等の改正について」（法と経済のジャーナル Asahi Judiciary、西村あさひのリーガル・アウトルック、2021年）、『ファイナンス法大全（下）〔全訂版〕』（共著、商事法務、2017年）、「ISDAマスター契約の関係会社間相殺条項の有効性」NBL1021号（共著、2014年）
［本書担当］
Q8～Q10、Q17、Q36、Q41

五十嵐　チカ（いがらし・ちか）

慶應義塾大学法学部／ボストン大学ロースクール（LL. M.）各卒業
西村あさひ法律事務所　パートナー弁護士
第二東京弁護士会所属／ニューヨーク州弁護士／公認AMLスペシャリスト
［主な職歴等］
2006年　国際連合本部（在ニューヨーク）
2015年　東京地方裁判所　鑑定委員（現任）
2016～2020年　東京ガス株式会社　社外取締役
2021年～　経済産業省　総合資源エネルギー調査会　再生可能エネルギー大量導入・次世代電力ネットワーク小委員会　委員（現任）
［主な著書・論文等］
『金融機関コンプライアンス50講』（共著、金融財政事情研究会、2021年）、『銀行等金融機関のコンプライアンス』（共著、金融商事判例、2020年）、「データ利活用の促進に向けた銀行法・保険業法等の業務範囲規制の改正」（西村あさひ法律事務所ニューズレター、2020年）、「FATFの第4次対日相互審査を踏まえた実務

対応」金融法務事情No.2105（共著、2019年）、「コーポレートガバナンス・コード改訂と対話ガイドラインの策定」（共著、西村あさひ法律事務所ニューズレター、2018年）、「商事信託におけるFATFの影響」（信託フォーラム、2018年）、『ファイナンス法大全（上・下）〔全訂版〕』（共著、商事法務、2017年）、『アジアにおけるシンジケート・ローンの契約実務と担保法制』（金融財政事情研究会、2016年）
［本書担当］
Q30、Q31、Q33、Q39、Q40、Q47

玄　唯真（げん・ゆうじん）

中央大学法学部卒業
西村あさひ法律事務所　アソシエイト弁護士
第二東京弁護士会所属
［主な著書・論文等］
「Japan Chapter」『The Real Estate Law Review―Tenth Edition』（Law Business Research、2021年）、「中央銀行デジタル通貨の法的基礎づけに関する一試論」比較法雑誌第54巻第２号（2020年）
［本書担当］
Q14～Q16、Q37

仲田　信平（なかだ・しんぺい）

東京大学教育学部／ノースウェスタン大学ロースクール（LL. M.）各卒業
西村あさひ法律事務所　カウンセル弁護士
第二東京弁護士会所属
［主な職歴等］
2003～2006年　ゴールドマン・サックス証券会社
2010年　株式会社日本証券クリアリング機構　措置評価委員会　措置評価委員
［主な著書・論文等］
「金融サービス仲介業に関する規制の概要～既存の仲介法制との比較の観点から～」（共著、西村あさひ法律事務所ニューズレター、2021年）、「マージン規制実施後の店頭デリバティブ・ドキュメンテーション―IM Phase 5 へ向けて―」（西村あさひ法律事務所ニューズレター、2019年）、『ファイナンス法大全（上・下）〔全訂版〕』（共著、商事法務、2017年）、「店頭デリバティブ取引の証拠金規

制を懸念する」金融財政事情No.3008（共著、2013年）、「リーマン・ブラザーズ破綻とデリバティブ契約（上・下）」金融財政事情No.2875・No.2876（2010年）、「日本企業のアジアの証券取引所への上場について」（共著、西村あさひ法律事務所ニューズレター、2011年）

［本書担当］

Q18、Q19、Q28、Q29、Q32、Q38、Q49

■法令・判例・文献等の表記について

1．法令等の表記

・金融サービスの提供に関する法律　→　金サ法
・金融サービスの提供に関する法律施行令　→　金サ令
・金融サービス仲介業者等に関する内閣府令　→　金サ府令
・金融サービス仲介業者保証金規則　→　金サ保証金規則
・金融サービスの利用者の利便の向上及び保護を図るための金融商品の販売等に関する法律等の一部を改正する法律　→　改正法
・金融商品取引法　→　金商法
・金融商品取引法施行令　→　金商法施行令
・金融商品取引業等に関する内閣府令　→　金商業等府令
・投資信託及び投資法人に関する法律　→　投信法
・個人情報の保護に関する法律→　個人情報保護法
・犯罪による収益の移転防止に関する法律　→　犯収法
・金融サービス仲介業者向けの総合的な監督指針　→　金サ監督指針
・主要行等向けの総合的な監督指針　→　主要行等監督指針
・中小・地域金融機関向けの総合的な監督指針　→　中小監督指針
・金融商品取引業者等向けの総合的な監督指針　→　金商業者等監督指針
・保険会社向けの総合的な監督指針　→　保険監督指針

2．判決（決定）の表記

例：最高裁判所平成20年12月16日第一小法廷判決　→　最判平20.12.16
　　東京地方裁判所平成17年４月８日決定　→　東京地決平17.４.８

3．判例集・法律雑誌の表記

・民集　　最高裁判所民事判例集
・刑集　　最高裁判所刑事判例集
・民録　　大審院民事裁判録
・金法　　金融法務事情
・債管　　事業再生と債権管理
・ジュリ　　ジュリスト
・判時　　判例時報
・判タ　　判例タイムズ
・金判　　金融・商事判例
・労判　　労働判例

・自正　　自由と正義
・曹時　　法曹時報
・民商　　民商法雑誌
・法時　　法律時報

4．書籍・論文の略記

・2019年12月20日付金融審議会「決済法制及び金融サービス仲介法制に関するワーキング・グループ」報告　→　WG報告
・岡田大＝小長谷章人＝名取裕之＝林崎由莉子＝宗川帆南「『金融サービスの利用者の利便の向上及び保護を図るための金融商品の販売等に関する法律等の一部を改正する法律』の解説――金融商品の販売等に関する法律等関連――」金法2160号（2021）42頁　→　担当者解説

5．自主団体の名称等

一般社団法人日本金融サービス仲介業協会　→　金サ協会

6．その他

2021年６月２日付パブリックコメントに対する金融庁の考え方　→　金サパブコメ回答●頁●番
上記以外のパブリックコメントに対する金融庁の考え方　→　●年●月●日付パブコメ回答

目　次

第１章　金融サービス仲介法制の概要

Q１　金融サービス仲介法制の概要を教えてください。……………………2
Q２　金融サービス仲介法制創設の目的・経緯・施行時期を教えてください。………………………………………………………………8
Q３　金融サービス仲介法制を規律する法令等の構造について教えてください。……………………………………………………………11

第２章　金融サービス仲介業の内容・取扱い可能商品

Q４　金融サービス仲介業にはどのような業務が含まれるのでしょうか。………………………………………………………………16
Q５「預金等媒介業務」とはどのような業務でしょうか。……………19
Q６　預金等媒介業務は、銀行代理業と何が異なりますか。…………23
Q７　預金等媒介業務において取扱い可能な商品は何ですか。…………27
Q８「保険媒介業務」とはどのような業務でしょうか。………………32
Q９　保険媒介業務は、保険代理店業務および保険仲立人業務と何が異なりますか。…………………………………………………36
Q10　保険媒介業務において取扱い可能な商品は何ですか。…………39
Q11「有価証券等仲介業務」とはどのような業務でしょうか。………42
Q12　有価証券等仲介業務は、第一種金融商品取引業、投資助言・代理業（代理・媒介業務）および金融商品仲介業と何が異なりますか。……………………………………………………………46
Q13　有価証券等仲介業務において取扱い可能な商品は何ですか。……50
Q14「貸金業貸付媒介業務」とはどのような業務でしょうか。………56

Q15　貸金業貸付媒介業務は、貸金業と何が異なりますか。…………… 59
Q16　貸金業貸付媒介業務において取扱い可能な商品は何ですか。…… 60
Q17　各業務の定義に含まれている「媒介」とはどのような行為ですか。…………………………………………………………… 62
Q18　「電子金融サービス仲介業務」とはどのような業務でしょうか。…………………………………………………………… 67
Q19　電子金融サービス仲介業務を行う場合に届出により行うことのできる「電子決済等代行業」とは何ですか。……………… 69

第3章　金融サービス仲介業者の登録と監督

Q20　金融サービス仲介業の監督当局はどの官庁ですか。………………… 72
Q21　金融サービス仲介業を始めるために必要な登録申請手続や所要期間について教えてください。………………………………… 73
Q22　金融サービス仲介業の登録拒否事由について教えてください。……………………………………………………………………… 80
Q23　登録拒否事由のうち「金融サービス仲介業を適確に遂行するに足りる能力を有しない者」は、どのような場合に該当するとされるのか教えてください。……………………………… 83
Q24　金融サービス仲介業者には兼業規制や兼業する業務内容に応じた業務範囲の制約はありますか。…………………………… 89
Q25　金融サービス仲介業者の親会社や株主に対する規制はありますか。また、金融サービス仲介業者が子会社を保有したり、他の会社に出資をしたりすることについて、制約はありますか。…………………………………………………………………… 95
Q26　金融サービス仲介業者は、どのような場合に監督当局への変更登録や届出が必要となりますか。…………………………… 96
Q27　金融サービス仲介業者は、監督当局からどのように検査・

監督を受けますか。……………………………………………………99

第4章 金融サービス仲介業者の行為規制等

Q28 金融サービス仲介業者に対する共通の行為規制にはどのようなものがありますか。……………………………………………106
Q29 金融サービス仲介業者の保証金供託義務および金融サービス仲介業者賠償責任保険契約について教えてください。…………110
Q30 金融サービス仲介業者の顧客に対する情報提供義務について教えてください。……………………………………………………113
Q31 金融サービス仲介業者にはどのような情報管理が求められますか。…………………………………………………………………118
Q32 金融サービス仲介業者やそのグループ企業は顧客から金銭等の預託を受けたり収納代行を行ったりすることはできますか。…………………………………………………………………………122
Q33 金融サービス仲介業者は、顧客からの苦情の処理または顧客との紛争の解決のため、どのような措置を講じる必要がありますか。……………………………………………………………124
Q34 預金等媒介業務に特有の行為規制にはどのようなものがありますか。銀行代理業等の行為規制とはどのような違いがありますか。……………………………………………………………128
Q35 有価証券等仲介業務に特有の行為規制にはどのようなものがありますか。第一種金融商品取引業（有価証券関連業）、投資助言・代理業（代理・媒介業務）および金融商品仲介業の行為規制とはどのような違いがありますか。外務員登録は必要ですか。……………………………………………………………131
Q36 保険媒介業務に特有の行為規制にはどのようなものがありますか。保険代理店および保険仲立人の行為規制とはどのよ

うな違いがありますか。役職員の届出は必要ですか。……………137
Q37　貸金業貸付媒介業務に特有の行為規制にはどのようなものがありますか。貸金業者の行為規制とはどのような違いがありますか。……………………………………………………………141
Q38　電子決済等代行業を行う場合の行為規制にはどのようなものがありますか。…………………………………………………………144
Q39　金融サービス仲介業者に犯収法に基づく取引時確認・疑わしい取引の届出等の規制は適用されますか。……………………147
Q40　金融サービス仲介業者は、「金融商品販売業者等」として金サ法第2章の適用を受けますか。…………………………………149
Q41　金融サービス仲介業者は、私法上、「代理商」なのでしょうか、それとも「仲立人」なのでしょうか。……………………152

第5章　作成書類・ディスクロージャー

Q42　金融サービス仲介業者はどのような帳簿書類を作成する必要がありますか。……………………………………………………………158
Q43　金融サービス仲介業者の事業報告書と情報開示（ディスクロージャー）について教えてください。……………………………163
Q44　金融サービス仲介業者の事業報告書と情報開示（ディスクロージャー）の内容について教えてください。……………………164
Q45　金融サービス仲介業者は一定の財産状態を維持することを求められますか。…………………………………………………………166

第6章　自主規制機関

Q46　認定金融サービス仲介業協会は金融サービス仲介業者の自主規制機関としてどのような業務を行いますか。………………168

第7章　他の金融機関の規制上の取扱い

Q47　銀行の業務範囲規制・子会社範囲規制との関係上、金融サービス仲介業はどのように取り扱われますか。…………………172

Q48　第一種金融商品取引業者・投資運用業者の業務範囲規制上、金融サービス仲介業はどのように取り扱われますか。………176

Q49　保険会社の業務範囲規制・子会社範囲規制との関係上、金融サービス仲介業はどのように取り扱われますか。………………179

事項索引………………………………………………………………183

第 1 章

金融サービス仲介法制の概要

Q 1　金融サービス仲介法制の概要を教えてください。

A 金融サービス仲介業制度は、１つの登録で銀行（預金・資金移動・貸金）・証券・保険のすべての分野のサービスの仲介が可能となる制度です。金融サービス仲介業者は特定の金融機関に所属することを必要とされておらず、①取扱い可能な金融商品・金融サービスを限定すること、②利用者の財産の受入れを禁止すること、③保証金の供託等を義務づけること、④仲介する金融サービスの特性に応じた行為規制等を適用することなどの方策によって利用者保護を図ることが企図されています。

解　説

1　業務横断的な仲介法制

金融サービス仲介業制度は、2020年６月５日に成立した「金融サービスの利用者の利便の向上及び保護を図るための金融商品の販売等に関する法律等の一部を改正する法律」による「金融商品の販売等に関する法律」の改正により新たに創設された制度であり、１つの登録で銀行（預金・資金移動・貸金）・証券・保険のすべての分野のサービスの仲介が可能となるものです（Q４参照）。さらに、これらのサービスの仲介に加えて、一定の要件を満たすことにより、電子決済等代行業について登録を受けずに届出によって実施することも認められます（Q19参照）。金融サービス仲介業制度の創設とあわせて「金融商品の販売等に関する法律」の名称は「金融サービスの提供に関する法律」に改められています。

なお、金融サービス仲介業者は、銀行・証券・保険のすべての分野を取り扱わなければならないものではなく、いずれかの分野に限って仲介を行うことも認められます。また、金融サービス仲介業制度は、既存の業規制の対象

図表１－１　「金融サービス仲介業」の創設

○金融商品販売法を金融サービスの提供に関する法律に改称し、「金融サービス仲介業」を創設。
○業態ごとの縦割りだった既存の仲介業と異なり、１つの登録で銀行・証券・保険すべての分野のサービスを仲介可能とするなど、ワンストップ提供に最適化。

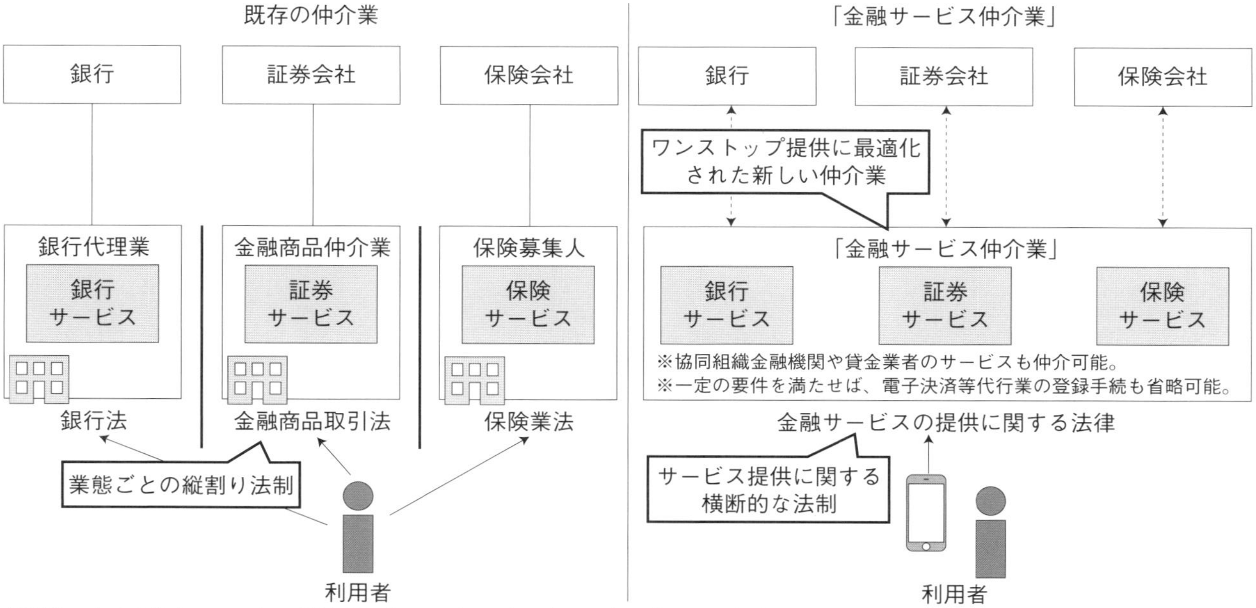

（出所）　金融庁作成の2020年３月付「金融サービスの利用者の利便の向上及び保護を図るための金融商品の販売等に関する法律等の一部を改正する法律案　説明資料」３頁

となる業務について、一定の範囲で緩やかな規制によって業務を行うことを認めるものであり、従来から業規制の対象となっていない業務に対して新たな規制を適用するものではありません。

この点、従来より相対的に緩やかな規制によって金融機関が提供する金融サービスを仲介することを認める制度は存在しますが、業種ごとに規制が存在するなど実務上の課題が指摘されていました（Q２参照）。これに対して、金融サービス仲介業制度は、複数業種かつ多数の金融機関が提供する多種多様な金融商品・金融サービスをワンストップで提供する仲介業者に適した制度と評価することができます（図表１－１）。

金融サービス仲介業制度の創設の背景にはITの発展があり（Q２参照）、オンライン取引と親和性の強い業態と考えられます。もっとも、制度上、対象となる取引はオンライン取引に限定されるものではなく、金融サービス仲介業の登録を受けることにより、対面での仲介業務を行うことも認められています。

ただし、金融サービス仲介業の登録により各分野で取り扱うことができる商品・サービスは、仲介にあたって高度に専門的な説明を要しないと考えられる類型に限定されています（Q７・10・13・16参照）。また、金融サービス仲介業者による仲介行為としては「媒介」のみが認められており、「代理」は認められていないため、金融サービス仲介業者が金融機関や顧客にかわって取引を成立させることはできません。

2　所属制の不採用と規制の概要

従来の金融サービスの仲介制度である銀行代理業者、金融商品仲介業者、保険募集人等は、制度上、特定の金融機関に「所属」し、当該金融機関のために仲介行為をすることが求められています。これに対して、金融サービス仲介業者は特定の金融機関に所属することを必要とされていません（図表１－２）。

金融サービス仲介業者については、このように特定の金融機関に所属し、

図表１－２　金融サービス仲介業：利用者保護のための主な規制

○様々なサービスを取り扱えるよう、金融サービス仲介業には、特定の金融機関への所属を求めない。
○代わりに、取扱可能なサービスの制限や利用者財産（サービス購入代金など）の受入禁止、保証金の供託義務により利用者保護を図る。

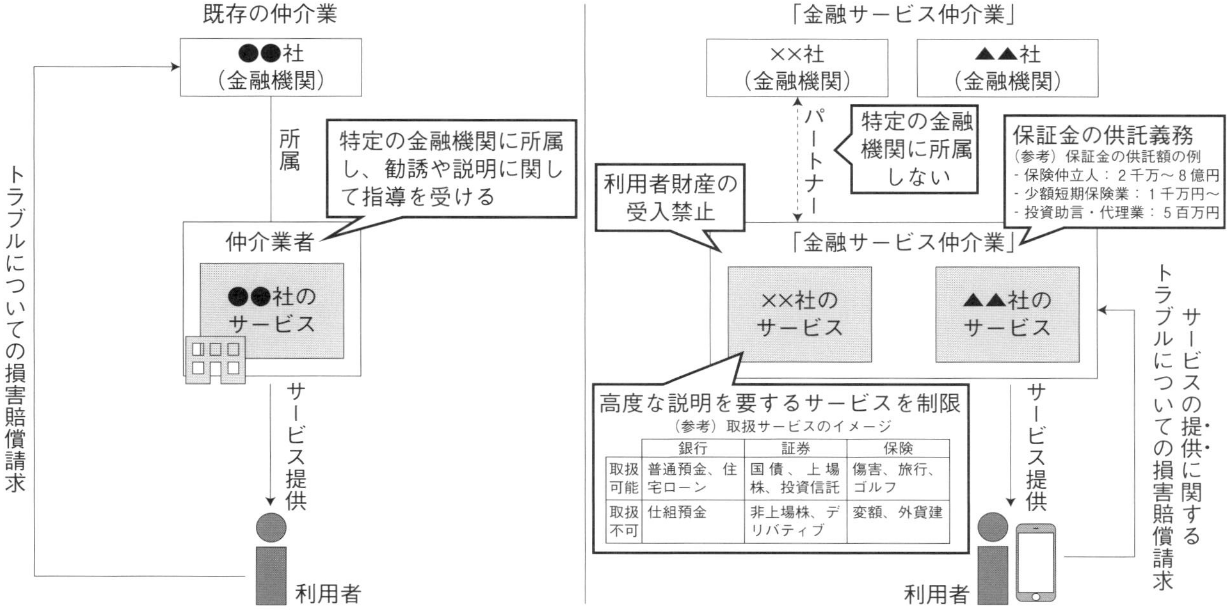

	銀行	証券	保険
取扱可能	普通預金、住宅ローン	国債、上場株、投資信託	傷害、旅行、ゴルフ
取扱不可	仕組預金	非上場株、デリバティブ	変額、外貨建

（出所）　金融庁作成の2020年３月付「金融サービスの利用者の利便の向上及び保護を図るための金融商品の販売等に関する法律等の一部を改正する法律案　説明資料」４頁

図表１－３　金融サービス仲介業：その他の規制

○金融サービスの仲介を行う場合に利用者保護等のために必要となる規制は、銀行分野・証券分野・保険分野で異なることがある。
○金融サービス仲介業については、取り扱うサービスの分野に応じ、必要な規制を過不足なく適用する。

金融サービス仲介業の規制

	銀行分野 ［預金受入・貸付・為替取引］	証券分野 ［有価証券売買・投資信託直販］	保険分野 ［保険引受］
共通の規制	○健全かつ適切な運営を確保するための措置（顧客に対する情報提供、顧客情報の適正な取扱い等） ○誠実義務 ○金融機関から受け取る手数料等の開示 ○名義貸しの禁止 ○標識の掲示 等		
	＋	＋	＋
分野に応じた規制	○情実融資の媒介の禁止 等 ※金融サービス仲介業者が貸金業者の貸付を媒介する場合について、誇大広告禁止や取立て行為規制を措置。	○インサイダー情報を利用した勧誘の禁止 ○損失補塡の禁止 ○顧客の注文の動向等の情報を利用した自己売買の禁止 等	○自己契約の禁止 ○告知の妨害の禁止 ○不適切な乗換募集の禁止 等

※上記のほか、監督規定や、認定金融サービス仲介業協会及び裁判外紛争解決制度に関する規定を整備。

（出所）　金融庁作成の2020年３月付「金融サービスの利用者の利便の向上及び保護を図るための金融商品の販売等に関する法律等の一部を改正する法律案　説明資料」５頁

所属金融機関が仲介業者の指導を行うことや仲介行為により顧客に与えた損害を賠償することを前提としないことをふまえて規制の枠組みが定められており、①取扱い可能な金融商品・金融サービスを限定すること、②利用者の財産の受入れを禁止すること、③保証金の供託等を義務づけること、④仲介する金融サービスの特性に応じた行為規制等（分野横断的な共通の規制と分野ごとの規制）を適用することなどの方策によって利用者保護を図ることが企図されています（図表１－３）。

Q2 金融サービス仲介法制創設の目的・経緯・施行時期を教えてください。

A ITの発展などの環境の変化を受け、多様な金融サービスの提供をワンストップで受けられる利便性の高い金融仲介サービスを実現する観点から、金融商品の販売等に関する法律の改正によって創設されたのが「金融サービス仲介業」です。法改正の施行日は2021年11月1日とされています。

解　説

1　制度創設の目的

近年、ITの発展により、オンラインで円滑に金融サービスを提供することが可能となり、いわゆるFinTech（フィンテック）のもと、日常生活上の金融取引ニーズに応える従来にはなかった金融サービスが考案され、実施されるようになってきています。他方で、このようなサービスにおいて、複数業種（銀行・証券・保険）にまたがって多数の金融機関が提供する金融サービスを仲介しようとした場合、従来の制度では、以下のような点で事業者にとって負担が大きいとの指摘がありました[1]。

○業種ごとの規制が存在し、仲介しようとする分野に応じて複数の登録等が求められる

○特定の金融機関に所属することが求められており、多数の金融機関が提供する商品・サービスを仲介しようとする場合、所属金融機関それぞれから行われる指導に対応する必要がある

これらの指摘をふまえ、多様な金融サービスの提供をワンストップで受けられる利便性の高い金融仲介サービスを実現する観点から、このようなサー

1　WG報告20頁。

ビスを提供しようとする仲介業者に適した業種として創設されたのが、「金融サービス仲介業」です。

2　審議の経過

金融サービス仲介法制の公的な場での検討としては、2017年11月16日の金融審議会総会において「機能別・横断的な金融規制の整備等、情報技術の進展その他の我が国の金融を取り巻く環境変化を踏まえた金融制度のあり方について検討を行うこと」という諮問がなされたことが起点となりました。その後、複数の会議体での議論を経て、最終的に金融サービス仲介法制の大枠を提言するものとして2019年12月20日にWG報告が取りまとめられ、公表されました。そして、WG報告の提言を受けた法案が2020年の通常国会に上程され、国会の審議を経て、2020年６月５日に「金融サービスの利用者の利便の向上及び保護を図るための金融商品の販売等に関する法律等の一部を改正する法律」が成立し、金融商品の販売等に関する法律の改正によって金融サービス仲介業制度が創設されることとなりました（図表１－４）。なお、この法改正により、「金融商品の販売等に関する法律」の名称が「金融サービスの提供に関する法律」に改められています。

3　施行時期

金融サービス仲介業制度を創設する金融商品の販売等に関する法律の改正の施行日は、改正法の公布の日（2020年６月12日）から１年６カ月を超えない範囲内で政令で定める日とされており、具体的には2021年11月１日とされています（改正法附則１条柱書、金融サービスの利用者の利便の向上及び保護を図るための金融商品の販売等に関する法律等の一部を改正する法律の施行期日を定める政令）。

なお、改正法の施行後に金融サービス仲介業の登録を受けようとする者は、経過措置により改正法の施行日より前においても金サ法13条の規定に従って登録の申請を行うことが認められており（金サ令附則２条）、改正法の

図表1－4　金融サービス仲介法制に関する審議等の経過

- 2017年11月16日：金融審議会総会において「機能別・横断的な金融規制の整備等、情報技術の進展その他の我が国の金融を取り巻く環境変化を踏まえた金融制度のあり方について検討を行うこと」を諮問
  →「金融制度スタディ・グループ」（金融制度SG）を設置

↓

- 2018年6月19日：金融制度SGは、金融の「機能」の分類や、各「機能」において達成されるべき利益等をまとめた「中間整理」を公表

↓

- 金融制度SGでは、さらに、プラットフォーマーへの対応等を審議

↓

- 2019年7月26日：金融制度SGは、「「決済」法制及び金融サービス仲介法制に係る制度整備についての報告《基本的な考え方》」を公表

↓

- 2019年9月25日：金融審議会総会において、金融制度SGを「決済法制及び金融サービス仲介法制に関するワーキング・グループ」（決済法制等WG）に改組

↓

- 決済法制等WGでは、7回にわたり、金融サービス仲介法制のあり方等について審議

↓

- 2019年12月20日：決済法制等WGは、「金融審議会「決済法制及び金融サービス仲介法制に関するワーキング・グループ」報告」を公表
  →　2020年6月5日：「金融サービスの利用者の利便の向上及び保護を図るための金融商品の販売等に関する法律等の一部を改正する法律」が成立

↓

- 2021年2月22日：令和2年金融商品販売法等改正に係る政令・内閣府令案等を公表
  →　2021年6月2日：政令・内閣府令の公布・確定

施行後すみやかに金融サービス仲介業を実施できるよう事前に登録手続を進めることが可能とされました。

Q 3　金融サービス仲介法制を規律する法令等の構造について教えてください。

A 金融サービス仲介業に関する規律は、金サ法に定められており、すべての金融サービス仲介業者に共通して適用される規定については、金サ法および金サ法に係る政令・内閣府令に具体的な内容が定められています。これに対して、分野ごとに適用される行為規制については、金サ法には根拠となる業法の準用規定とその読替えを定める規定だけが設けられており、具体的な内容はそれぞれの業法を参照することが必要となります。

解　説

1　金サ法の構成

金融サービス仲介業に関する規律は、金サ法に定められています。改正前の金サ法（金融商品の販売等に関する法律）は、金融商品を取り扱う一定の業者の販売勧誘行為に関して、民事的な不法行為責任の特則として説明義務などを定める法律でした。金サ法への移行後も、第２章として従来の金融商品の販売等に関する法律に基づく規律は維持されていますが、これに加えて、金融サービス仲介業に関する規律が定められることとなり、主に第３章に規制の内容が規定されています。

2　金融サービス仲介業に関する規制の定め方

金融サービス仲介業に関する規律のうち、定義規定、登録に関する規定、分野横断的に適用される行為規制に関する規定、経理に関する規定、監督に関する規定などについては、すべての金融サービス仲介業者に共通して適用される規律であり、金サ法および金サ法に係る政令・内閣府令に具体的な内容が定められています。

図表１－５　金サ法の目次

第１章　総則
第２章　金融商品の販売等
第３章　金融サービス仲介業
　第１節　総則
　第２節　業務
　第３節　経理
　第４節　監督
　第５節　認定金融サービス仲介業協会
　第６節　指定紛争解決機関
　第７節　雑則
第４章　罰則
第５章　没収に関する手続等の特例

（第３章 ← 金融サービス仲介業に関する規律）

これに対して、分野ごとに適用される行為規制については、金サ法には根拠となる業法の準用規定とその読替えを定める規定だけが設けられており、具体的な内容はそれぞれの業法を参照することが必要となります。具体的には、図表１－６のとおり金融サービス仲介業者が行う業務分野に応じて各業法の規制が準用されることになります。

また、金融サービス仲介業者は一定の要件を満たすことにより、登録を受けずに届出によって電子決済等代行業を実施することが認められますが（金サ法18条１項・３項）、この場合には、銀行法に基づく電子決済等代行業者に対する規制が準用されます（同条２項）。

これらの行為規制の具体的な内容については、Q34～Q38をご参照ください。

このように分野ごとに適用される行為規制については、各業法に基づく規制が準用されることになるため、それぞれの業法に基づいて仲介業務を行う場合と、金融サービス仲介業によって仲介業務を行う場合とで、同種の業務を行う際には基本的に同様の規制が適用されるよう、イコールフッティングの確保が考慮されているといえます。

図表１－６　行為規制の準用

業務分野	準用される規制	準用規定
預金等媒介業務	銀行法に基づく銀行代理業者に対する規制の一部	金サ法29条
保険媒介業務	保険業法に基づく保険仲立人・保険募集人等に対する規制の一部	金サ法30条
有価証券等仲介業務	金商法に基づく金融商品取引業者等・金融商品仲介業者に対する規制の一部	金サ法31条
貸金業貸付媒介業務	貸金業法に基づく貸金業者に対する規制の一部	金サ法32条

3　固有の監督指針

金融庁は、金融機関の業態ごとに法令の適用・解釈の明確化や許認可・行政処分等の手順を示すものとして、監督指針を策定し、公表しています。金融サービス仲介業に関しても、他の業態のものとは別に、金サ監督指針が策定されており、金サ法の施行と同時に適用されることとなっています。

金サ監督指針は、金融庁における金サ法の解釈・運用を示すものであり、金融サービス仲介業者にとっても、法令を遵守して業務を執行するために、参考になるものといえます。

4　自主規制

金融サービス仲介業の普及推進および自主規制機能を担うことを目的として、既存の業界団体とは別に2021年４月22日に一般社団法人日本金融サービス仲介業協会が設立されており、同協会が認定金融サービス仲介業協会（金サ法40条）として自主規制機関の機能を発揮していくことが見込まれます（Q46参照）。同協会の会員となる金融サービス仲介業者は、同協会が定める自主規制規則も遵守して業務を執り行うことが求められます。

第 2 章

金融サービス仲介業の内容・取扱い可能商品

Q 4 金融サービス仲介業にはどのような業務が含まれるのでしょうか。

A 金融サービス仲介業は、預金等媒介業務、保険媒介業務、有価証券等仲介業務または貸金業貸付媒介業務のいずれかを業として行うことと定義されています。さらに、登録を受けた金融サービス仲介業者は、一定の要件を満たすことにより、電子決済等代行業を届出により実施することも認められます。

解　説

金融サービス仲介業は、1つの登録で銀行（預金・資金移動・貸金）・証券・保険のすべての分野のサービスの仲介が可能となるものです。具体的には、金融サービス仲介業は、預金等媒介業務、保険媒介業務、有価証券等仲介業務または貸金業貸付媒介業務のいずれかを業として行うことと定義されています（金サ法11条1項）。金融サービス仲介業の対象となるこれら4つの業務の概要は図表2－1のとおりです（それぞれの業務の詳細はQ5・8・11・14参照）。

なお、一定の金融サービスに関する顧客のための媒介など従来から業規制の対象となっていない業務については、引き続き業規制の適用を受けることなく行うことが認められるものですので、金融サービス仲介業の対象とはなっていません。また、銀行代理業者がその業務を行う場合など、これらの仲介業務を行うことが認められる他の業態の登録等を受けて業務を行うことについては、規制の重複を避けるため、金融サービス仲介業の対象から除外されています。

いずれの業務類型についても、顧客に対し高度に専門的な説明を必要とするものとして政令で定めるものが金融サービス仲介業の対象から除外されています（Q7・10・13・16参照）。なお、改正法の決議に際して、金融サービス仲介業の取扱い可能な金融商品・サービスについては、当初は日常生活に

図表２－１　金融サービス仲介業に含まれる業務類型

預金等媒介業務 （金サ法11条２項）	・一定の預金取扱等金融機関のために行う預金等の受入れを内容とする契約（政令で定めるものを除く）の締結の媒介 ・一定の預金取扱等金融機関と顧客との間において行う資金の貸付けまたは手形の割引を内容とする契約（政令で定めるものを除く）の締結の媒介 ・一定の預金取扱等金融機関のために行う為替取引を内容とする契約（政令で定めるものを除く）の締結の媒介
保険媒介業務 （金サ法11条３項）	・保険会社、外国保険会社等または少額短期保険業者と顧客との間における保険契約（政令で定めるものを除く）の締結の媒介
有価証券等仲介業務 （金サ法11条４項）	・第一種金融商品取引業もしくは投資運用業を行う金融商品取引業者または登録金融機関（以下「第一種金融商品取引業者等」という）と顧客との間において行う有価証券の売買（政令で定めるものを除く）の媒介（PTS業務に該当するものを除く） ・第一種金融商品取引業者等と顧客との間において行う取引所金融商品市場または外国金融商品市場における有価証券の売買または市場デリバティブ取引もしくは外国市場デリバティブ取引（政令で定めるものを除く）の委託の媒介 ・第一種金融商品取引業者等のために行う有価証券の募集もしくは有価証券の売出しの取扱いまたは有価証券の私募もしくは特定投資家向け売付け勧誘等の取扱い（政令で定めるものを除く） ・第一種金融商品取引業者等と顧客との間において行う投資顧問契約（政令で定めるものを除く）または投資一任契約（政令で定めるものを除く）の締結の媒介
貸金業貸付媒介業務 （金サ法11条５項）	・貸金業者と顧客との間における資金の貸付けまたは手形の割引を内容とする契約（政令で定めるものを除く）の締結の媒介

定着しているなど高度な説明を要せず、顧客にわかりやすい金融商品・サービスに限定し、国民の金融リテラシーおよび技術進展など環境の変化に応じ

て検討を加え、必要な措置を講ずるべきであることが、附帯決議として付されています（衆議院の附帯決議７項・参議院の附帯決議２項)。

登録を受けた金融サービス仲介業者は、上記の業務類型のほか、一定の要件を満たすことにより、電子決済等代行業について別途登録を受けずに届出により実施することも認められます（Q19参照)。

Q 5 「預金等媒介業務」とはどのような業務でしょうか。

A 銀行等の預貯金取扱金融機関と顧客との間で預金の受入れや資金の貸付け、為替取引などの取引を媒介する業務です。

解　説

1　預金等媒介業務とは

預金等媒介業務は、一言でいえば、銀行等の預貯金取扱金融機関[1]と顧客との間で預金の受入れや資金の貸付け、為替取引[2]などの取引を媒介する業務です。

金サ法11条2項に「預金等媒介業務」の定義規定が置かれています。

まず、対象となる行為類型および顧客の相手方となる金融機関（相手方金融機関）を整理すると図表2－2のとおりとなります。

いずれの行為類型においても、「顧客に対し高度に専門的な説明を必要とするものとして政令で定めるものを除く」とされていることが金融サービス仲介業における特徴の1つです（Q6参照）。

なお、以下に列挙する、他の法律の規定に基づき同様または類似の行為を業として行うことができる者（下記③の「資金の貸付けまたは手形の割引を内容とする契約の締結の媒介」については、貸金業法において貸金業の定義から除外されている者を含みます）が行う場合については預金等媒介業務の定義から除かれています（金サ法11条2項、金サ令16条）。

①　銀行代理業者、信用協同組合代理業者、信用金庫代理業者、労働金庫代

1　株式会社商工中央金庫を除きます。

2　金融規制において用いられる「為替取引」とは、「顧客から、隔地者間で直接現金を輸送せずに資金を移動する仕組みを利用して資金を移動することを内容とする依頼を受けて、これを引き受けること、またはこれを引き受けて遂行すること」をいうものとされています（最決平13.3.12刑集55巻2号97頁）。

図表２－２　預金等媒介業務の行為類型

	行為類型	相手方金融機関	～のために
１号	預金等[3]の受入れを内容とする契約の締結の媒介	以下の預貯金取扱金融機関 ・銀行 ・信用金庫・信用金庫連合会（信金中央金庫） ・労働金庫・労働金庫連合会 ・信用協同組合・信用協同組合連合会（全国信用協同組合連合会） ・信用事業を行う農業協同組合・農業協同組合連合会 ・信用事業を行う漁業協同組合・漁業協同組合連合会 ・信用事業を行う水産加工業協同組合・水産加工業協同組合連合会 ・農林中央金庫	相手方金融機関
２号	資金の貸付けまたは手形の割引を内容とする契約の締結の媒介		顧客または相手方金融機関
３号	為替取引を内容とする契約の締結の媒介		相手方金融機関

理業者、（農業協同組合法または水産業協同組合法上の）特定信用事業代理業者および農林中央金庫代理業者

② (a)銀行代理業、信用協同組合代理業、信用金庫代理業、労働金庫代理業、（農業協同組合法または水産業協同組合法上の）特定信用事業代理業または農林中央金庫代理業を行う預貯金取扱金融機関ならびに(b)農林中央金庫及び特定農水産業協同組合等による信用事業の再編及び強化に関する法律42条３項の認可に基づき農林中央金庫または信用農水産業協同組合連合会の業務の代理を行う農業協同組合、漁業協同組合および水産加工業組合

③ 以上のほか、資金の貸付けまたは手形の割引を内容とする契約の締結の媒介（金サ法および貸金業法以外の法律の規定に基づき業として行うものならびに貸金業法２条１項各号（２号を除く）に掲げるものに限る）を行う者

3　預金、貯金、定期積金および相互掛金をいいます（金サ法２条１項）。

2　預金等媒介業務に該当しない場合

預金等媒介業務に該当する行為を業として行う場合には、金融サービス仲介業の登録を受ける必要がありますが、①預金等の受入れまたは為替取引を内容とする契約の媒介を（相手方金融機関のためではなく）顧客のために行う場合や、②そもそも「媒介」に至らない行為のみを行う場合には、預金等媒介業務には該当しません。そのような観点から、金融サービス仲介業の登録が不要である場合について、金サ監督指針に以下のような定めが置かれています（金サ監督指針V－2－1－1－1(3)②）。

> ①　顧客のために、預金等の受入れ又は為替取引を内容とする契約の媒介を行う者については、金融サービス仲介業の登録は不要である。ただし、例えば、銀行と当該者との間で合意された契約上又はスキーム上は顧客のために行為することとされている場合でも、当該者が実務上、その契約若しくはスキームに定められた範囲を超えて又はこれに反し、実質的に銀行のために媒介業務を行っている場合には、登録が必要となる場合があることに十分留意する必要がある。
>
> （注１）「資金の貸付け又は手形の割引」を内容とする契約の締結の媒介に関しては、顧客のために行う者であっても、原則として登録が必要である点には留意が必要である。
>
> （注２）「顧客のために」とは、顧客からの要請を受けて、顧客の利便のために、顧客の側に立って助力することをいう。
>
> ②　媒介に至らない行為を銀行又は顧客から受託して行う場合には、金融サービス仲介業の登録を得る必要はない。例えば、以下のイからニに掲げる行為の事務処理の一部のみを銀行から受託して行うに過ぎない者は、金融サービス仲介業の登録が不要である場合もあると考えられる。
>
> イ．商品案内チラシ・パンフレット・契約申込書等の単なる配布・交付

（注） このとき、銀行名や同銀行の連絡先等を伝えることは差し支えないが、配布又は交付する書類の記載方法等の説明をする場合には、媒介に当たることがあり得ることに留意する。また、比較サイト等の商品情報の提供を主たる目的としたサービスにおいて銀行等から提供を受けた商品案内等のコンテンツを単にホームページ上に転載することは差し支えないが、加工したコンテンツを掲載したり、例えば、自らが推奨する商品のコンテンツを上位に表示されるようなデザインやアルゴリズムの仕組みを設けること等をしたりする場合には、媒介に当たることがあり得ることに留意する。

ロ．契約申込書及びその添付書類等の受領・回収

（注） このとき、単なる契約申込書の受領・回収又は契約申込書の誤記・記載漏れ・必要書類の添付漏れの指摘を超えて、契約申込書の記載内容の確認等まで行う場合は、媒介に当たることがあり得ることに留意する。

ハ．金融商品説明会における一般的な銀行等の取扱商品の仕組み・活用法等についての説明

ニ．勧誘行為をせず、単に顧客を銀行等に紹介する業務

（注） 上記「紹介」には、以下の行為を含む。

a．当該業者の店舗に、銀行等が自らを紹介する宣伝媒体を据え置くこと又は掲示すること。

b．当該業者と銀行等の関係又は当該銀行等の業務内容について説明を行うこと。

c．銀行等のサイトへの単なるリンクの設定のみを行い、金融サービス契約の締結に至る交渉や手続は当該銀行等と顧客との間で行い、当該契約締結に当たり当該業者は関与をもたないこと。

③ 銀行から委託を受けて、営業所又は事務所内にATMのみを設置する行為については、当該ATMが銀行法施行規則第35条第１項第４号の「無人の設備」に該当する場合には、金融サービス仲介業の登録は不要である。

Q 6　預金等媒介業務は、銀行代理業と何が異なりますか。

A 預金等媒介業務においては、銀行代理業と比較して、顧客のために行う媒介も一部含まれる、取扱い可能な商品に制限が付されている、行うことのできる業務が媒介に限定されている、所属銀行の指導や監督を受ける必要がない、他業を営むにあたり監督当局の承認を受ける必要がないなどの違いがあります。

解　説

銀行を相手方金融機関として行う預金等媒介業務に該当する行為（金サ法11条2項各号）は、銀行代理業に該当する行為と重なっていますが（銀行法2条14項各号）、以下に述べるとおりいくつか違いがあります。なお、銀行代理業と同様の業務は銀行以外の預貯金取扱金融機関[4]についても定められていますが（農業協同組合法または水産業協同組合法に基づく特定信用事業代理業、協同組合による金融事業に関する法律に基づく信用協同組合代理業、信用金庫法に基づく信用金庫代理業、長期信用銀行法に基づく長期信用銀行代理業、労働金庫法に基づく労働金庫代理業および農林中央金庫法に基づく農林中央金庫代理業。銀行代理業とあわせて金融機関代理業と総称されることがあります）、以下の記述はこれらについても同様に当てはまります。

1　業務内容の違い

銀行代理業とは、銀行のために次に掲げる行為のいずれかを行う営業をいいます（銀行法2条14項）。

① 預金または定期積金等の受入れを内容とする契約の締結の代理または媒介

4　株式会社商工中央金庫を除きます。

② 資金の貸付けまたは手形の割引を内容とする契約の締結の代理または媒介
③ 為替取引を内容とする契約の締結の代理または媒介

まず、預金等媒介業務には、(銀行のためではなく) もっぱら顧客のために資金の貸付けまたは手形の割引を内容とする契約の締結の媒介を行う場合も含まれており、これは銀行代理業には該当しません(主要行等監督指針Ⅷ－3－2－1－1①、中小監督指針Ⅳ－3－2－1－1①)[5]。この点は、次に述べる所属制の有無とも関連します。

また、預金等媒介業務においては、取扱い可能な商品に制限が付されています(詳細はQ７参照)[6]。

さらに、預金等媒介業務において行うことのできる業務は媒介に限定されており、銀行代理業とは異なり代理は含まれません。

加えて、預金等媒介業務においてひとたび登録を受ければあらゆる預貯金取扱金融機関[7]を相手方金融機関とすることができ、銀行代理業その他の金融機関代理業とは異なり、所属金融機関の種類ごとにそれぞれの業法に基づく許可を得る必要はありません。

2　所属制の有無

銀行代理業との対比では、所属制の有無をあげることができます。

銀行代理業者(または銀行代理業を行う銀行その他の預貯金取扱金融機関)は、所属銀行と呼ばれる特定の銀行のために業務を行いますので、所属銀行から委託を受けるか、所属銀行から委託を受けた銀行代理業者から再委託を受ける必要があり(銀行法52条の36第２項)、所属銀行または委託元の銀行代理業者から、コンプライアンス機能等について指導や監督を受けることにな

5　ただし、一定の例外を除いて貸金業に該当します(貸金業法２条１項)。
6　預金等媒介業務においても、預金等の受入れまたは為替取引を内容とする契約の締結の媒介については、相手方金融機関のために行う場合に限られます。
7　株式会社商工中央金庫を除きます。

ります（銀行法52条の58、銀行法施行規則34条の63）。また、銀行代理業者がその銀行代理行為について顧客に損害を加えた場合、所属銀行（および再委託元の銀行代理業者）は、原則として損害賠償責任を負います（銀行法52条の59）。

他方で、預金等媒介業務については、そもそも特定の相手方金融機関のために業務を行うことが特に想定されているわけではなく、したがって上記のような所属制の枠組みは採用されていません。

3　業務範囲規制の有無

銀行代理業者は業務範囲規制に服しており、銀行代理業および銀行代理業に付随する業務以外の業務を行うには、監督当局の承認を受ける必要があります（銀行法52条の42）。銀行代理業を営む銀行その他の預貯金取扱金融機関については、もともと業務範囲規制に服しています（たとえば銀行については銀行法10条～12条）。

これに対して、金融サービス仲介業者は、その行うことのできる業務範囲にこのような制限はありません。ただし、預金等媒介業務については一定の兼業規制に服することになります（詳細はQ24参照）。

4　預金等媒介業務と銀行代理業との関係

Q５で述べたとおり、定義上、銀行代理業者や銀行代理業を行う預貯金取扱金融機関が行う行為は預金等媒介業務には該当しません（金サ法11条２項、金サ令16条）。また、預金等媒介業務は銀行代理業には該当しないものとみなされます（金サ法17条２項）。

銀行法上も、預金等媒介業務を行う金融サービス仲介業者が銀行代理業も行うことは許容されていません（銀行法52条の52第６号、52条の57第１号、52条の61第１項）。

これは、金融サービス仲介業と銀行代理業の両方の登録を受け、両方の立場で仲介行為を行いうることとした場合、仲介業者がいずれの立場でいかなる規制に基づいて仲介行為を行っているのか顧客に混同をもたらすおそれがあると考えられたためです[8]。

8　担当者解説45頁。

Q 7　預金等媒介業務において取扱い可能な商品は何ですか。

A 預金等では、仕組み預金等、（一部を除く）外貨預金等、通貨オプション組入型預金等および譲渡性預金等が取扱い可能商品から除かれています。資金の貸付け等では、カードローンなどが取扱い可能商品から除かれ、さらに兼業業務の関係から一定の制約があります。為替取引では、取扱い可能商品に制約はありません。

解　説

1　取扱い可能な商品とは

Ｑ５でみたように、預金等媒介業務の定義上、取扱い可能な商品から「顧客に対し高度に専門的な説明を必要とするものとして政令で定めるものを除く」こととされています。これは、顧客に対し高度に専門的な説明を要する金融サービスの取扱いに制限を設け、販売・勧誘に係る顧客トラブルを未然に防止することを図るという金サ法の制度設計に基づくものであり、具体的には、商品設計の複雑さや日常生活への定着度、既存法における取扱い等を総合的に勘案したものとされています[9]。なお、「必要に応じて見直しの要否を検討していくべきものと考えます」とされています（金サパブコメ回答１頁２～３番）。

ただし、与信商品（資金の貸付けまたは手形の割引を内容とする契約）については、後述のとおり、兼業業務との関係でも取扱い可能な商品に制約があります。

9　担当者解説43～44頁。

図表２－３　主たる兼業業務と預金等媒介業務との関係

（別紙２）

○…預金等媒介業務として行えるもの
×…預金等媒介業務として行えないもの

		金融サービス仲介業者の預金等媒介業務の内容							
		預金	為替取引	資金の貸付け・手形の割引					
				消費向け			事業向け		
				媒介			媒介		
		媒介	媒介	預金等担保貸付	規格化された貸付商品で、かつ、貸付資金で購入する物件等を担保として行う貸付	左記以外の貸付	預金等担保貸付	規格化された貸付商品	左記以外の貸付
金融サービス仲介業専業業者		○	○	○	○	○	○	○	○
金融サービス仲介業者の主たる兼業業務の内容	保険会社	○	○	○	○	○	○	○	○
	一般事業者	○	○	○	○ （銀行が必要に応じ与信審査を実施する必要あり。）	○	○	○ （与信審査は×） ただし、上限1,000万円	×
	貸付等を主たる業務とする者 ・貸金業者 ・クレジット業者 ・保証業者	○	○	○	○ （与信審査は×）	×	○	×	×

定義等　＊貸付資金で購入する物件等を担保として行う貸付…該当例：住宅ローン・自動車ローンなど。

＊規格化された貸付商品…資金需要者に関する財務情報の機械的処理のみにより、貸付けの可否及び貸付条件が設定されることがあらかじめ決められている貸付商品。

<u>考え方</u>　①金融サービス仲介業専業業者、保険会社については制限なし。

②預金、為替取引については制限なし。

③預金担保等貸付については制限なし。

④一般事業者が行う消費向け貸付については制限なし。ただし、必要に応じ銀行が与信審査を実施する必要あり。

⑤兼業業者（保険会社を除く）が事業向け貸付の媒介を行うことは原則不可。（預金等担保貸付のほか）一般事業者が行う規格化された貸付商品（上限1,000万円）の媒介（与信審査を除く）のみ可。

⑥貸付等を主たる兼業とする者が貸付の媒介を行うことは原則不可。（預金等担保貸付のほか）規格化された貸付商品で、かつ貸付資金で購入する物件等を担保として行う貸付の媒介（与信審査を除く）のみ可。

（出所）　金サ監督指針別紙２

2　預金等の受入れを内容とする契約のうち取扱い可能な商品

預金等媒介業務のうち、預金等[10]の受入れを内容とする契約の締結の媒介（金サ法11条２項１号）との関係で取扱い可能な商品から除かれているのは、以下のとおりです（金サ令17条１項、金サ府令４条１項）。

① 特定預金等契約（すなわち、仕組み預金等、外貨預金等および通貨オプション組入型預金等。金サ法29条により読み替えて準用する銀行法52条の44第２項、金サ府令48条）。ただし、外貨預金等のうち、その引出し、送金または支払が当該外貨預金等の表示通貨で行うことができるものの受入れを内容とする契約を除きます。

② 払戻しについて期限の定めがある預金等で譲渡禁止の特約のないもの（譲渡性預金等）の受入れを内容とする契約

3　資金の貸付けまたは手形の割引を内容とする契約のうち取扱い可能な商品

資金の貸付けまたは手形の割引を内容とする契約の締結の媒介（金サ法11条２項２号）との関係で取扱い可能な商品から除かれているのは、以下のとおりです（金サ令17条２項、金サ府令４条２項）。

① 消費者である顧客との間の極度方式基本契約。ただし、当座貸越契約を除きます。

② ①の契約に基づく資金の貸付けまたは手形の割引に係る契約

これによりいわゆるカードローンは取扱い可能商品から除かれています。

これに加えて、金融サービス仲介業者の主たる兼業業務の内容によっても取扱い可能な商品の範囲は一定の制約を受けます（金サ法14条４号、金サ府令16条。Q23参照）。この点は、金サ監督指針において図表２－３のとおり整理されています（金サ監督指針Ｖ－２－３－２、別紙２）。

10　預金、貯金、定期積金および相互掛金をいいます（金サ法２条１項）。以下このＱにおいて同じです。

4　為替取引を内容とする契約のうち取扱い可能な商品

為替取引を内容とする契約の締結の媒介（金サ法11条２項３号）との関係で取扱い可能な商品に制約はありません。

Q 8　「保険媒介業務」とはどのような業務でしょうか。

A すでに保険業法に基づき保険募集を行うことが認められている者以外による、保険契約の締結の勧誘、保険契約の締結の勧誘を目的とした保険商品の内容説明、その他の保険契約の締結の媒介を行うことを内容とする業務とされています。

解　説

1　保険媒介業務とは

「保険媒介業務」とは、金サ法11条３項に定義規定が置かれています。

①生命保険募集人や損害保険代理店などの保険業法276条の登録を受けている特定保険募集人、②保険業法286条の登録を受けている保険仲立人、③損害保険会社、損害保険代理店および保険仲立人の役員（代表権を有する役員ならびに監査役、監査等委員会の委員および監査委員会の委員を除きます）および使用人、④特定少額短期保険募集人以外の者が、保険会社、外国保険会社等または少額短期保険業者と顧客との間の保険契約の締結の媒介を行う業務をいうとされています。つまり、すでに保険業法に基づき保険募集を行うことが認められている者による行為は除外されます（Ｑ９参照）。また、「保険契約について顧客に対し高度に専門的な説明を必要とするものとして政令で定める」保険契約の締結の媒介を行う業務は含まれません（Q10参照）。

「保険媒介業務」の具体的な内容は、以下の各行為をいうとされています（金サ監督指針Ⅵ－１－１－１⑴①）。保険監督指針において「保険募集」の具体的な行為として列挙されている「保険契約の申込の受領」（保険監督指針Ⅱ－４－２－１⑴①ウ）が金サ監督指針に含まれていないのは、「保険媒介業務」に「締結の代理」が含まれないことによります（金サパブコメ回答86頁79番。詳細はＱ９参照）。

ア　保険契約の締結の勧誘
イ　保険契約の締結の勧誘を目的とした保険商品の内容説明
ウ　その他の保険契約の締結の媒介

上記のうち、ウに該当するか否かについては、一連の行為のなかで、当該行為の位置づけをふまえたうえで、以下のａおよびｂの要件に照らして、総合的に判断するものとされていますが（金サ監督指針Ⅵ－１－１－１⑴②）、平成27年５月27日付パブコメ回答203番の回答と同様に、「媒介」に該当するというためには、以下のａおよびｂのいずれにも該当することが前提になると考えられています（金サパブコメ回答86頁81番）。

ａ　保険会社等または保険媒介業者[11]などからの報酬を受け取る場合や、保険会社等または保険媒介業者と資本関係等を有する場合など、保険会社等が行う保険募集または保険媒介業者が行う保険媒介業務と一体性・連続性を推測させる事情があること。
ｂ　具体的な保険商品の推奨・説明を行うものであること。

2　保険媒介業務に該当しない行為類型

保険契約の契約成立に向けた契約見込客の発掘以降の広い意味での保険媒介業務のプロセスのうち、「保険媒介業務」に該当しない行為（たとえば、保険商品の推奨・説明を行わず契約見込客の情報を保険会社等または保険媒介業者に提供するだけの行為や、比較サイト等の商品情報の提供を主たる目的としたサービスのうち保険会社等または保険媒介業者からの情報を転載するにとどまるもの）は「保険媒介業務関連行為」と呼ばれ、直ちに保険媒介業務規制が適用されるものではないとされています。もっとも、保険媒介業者においては、保険媒介業務関連行為を第三者に委託し、またはそれに準じる関係に基づいて行わせる場合には、当該保険媒介業務関連行為を受託した第三者（以下「保険媒介業務関連行為従事者」といいます）が不適切な行為を行わないよう、以下

11　金サ監督指針において、保険媒介業務を行う金融サービス仲介業者をいうものとされています。

の①～③の点に留意する必要があるとされています（金サ監督指針Ⅵ－１－１－１⑵）。

① 保険媒介業務関連行為従事者において、保険募集（保険媒介業者が取り扱うことのできない保険契約の締結の媒介行為を含む）もしくは保険媒介業務または特別利益の提供等の保険募集規制および保険媒介業務規制の潜脱につながる行為が行われていないか。

② 保険媒介業務関連行為従事者が運営する比較サイト等の商品情報の提供を主たる目的としたサービスにおいて、誤った商品説明や特定商品の不適切な評価など、保険媒介業者が保険媒介業務を行う際に顧客の正しい商品理解を妨げるおそれのある行為を行っていないか。

③ 保険媒介業務関連行為従事者において、個人情報の第三者への提供に係る顧客同意の取得などの手続が個人情報の保護に関する法律等に基づき、適切に行われているか。

また、保険媒介業務関連行為従事者への支払手数料の設定について、慎重な対応を行っているかどうかも留意点としてあげられています。たとえば、保険媒介業者が、高額な紹介料やインセンティブ報酬を払って保険媒介業務関連行為従事者から見込客の紹介を受ける場合、一般的にそのような報酬体系は保険媒介業務関連行為従事者が本来行うことができない具体的な保険商品の推奨・説明を行う蓋然性を高めると考えられることに留意するものとされています（金サ監督指針Ⅵ－１－１－１⑵（注））。

もっとも、たとえば、以下の行為については、保険媒介業務に該当しうることに留意する必要があるとされている点に注意が必要です（金サ監督指針Ⅵ－１－１－１⑵（注２））。

ア 業として特定の保険会社等の商品（群）のみを見込客に対して積極的に紹介して、保険会社等または保険媒介業者などから報酬を得る行為

イ 比較サイト等の商品情報の提供を主たる目的としたサービスを提供する者が、保険会社等または保険媒介業者などから報酬を得て、具体的な保険商品の推奨・説明を行う行為

なお、上記の各内容は、「保険募集」または「募集関連行為」として保険監督指針において定められている内容とほぼ同じであるため（保険監督指針Ⅱ－4－2－1(2)参照）、「保険媒介業務」または「保険媒介業務関連行為」に該当する行為は、「保険募集」または「募集関連行為」にも該当しうることになります。また、金サ法17条3項は、ある特定の行為が「保険媒介業務」と「保険募集」のいずれにも当たりうること（すなわち、「保険媒介業務」の内容と「保険募集」の内容に重複があること）を前提として、保険媒介業務の種別に係る登録を受けて行う当該行為を保険業法の定める「保険募集」に該当しないものとみなすことにより、当該金融サービス仲介業者の行為に保険業法の業規制が及ばないようにする趣旨の規定となります（金サパブコメ回答87頁85番）。

Q 9 保険媒介業務は、保険代理店業務および保険仲立人業務と何が異なりますか。

A 保険媒介業務を保険代理店業務と比較すると、所属先の縛りがない、保険契約締結の代理が含まれていない、高度に専門的な説明を必要とする一定の商品が取扱い可能商品から除かれているという違いがあります。保険仲立人業務と比較すると、両者とも保険契約締結の媒介ですが、保険媒介業務には取扱い可能商品について制限があるという違いがあります。

解　説

1　保険代理店業務および保険仲立人業務とは何か

「保険代理店業務」という用語が保険業法および金サ法上定められているわけではありませんが、本書では、生命保険および損害保険の双方について、保険代理店が行う保険募集行為をいうものとします。また、「保険仲立人業務」も、同様に保険業法および金サ法上定められているわけではありませんが、保険仲立人が行う保険募集行為をいうものとします。保険代理店業務は生命保険会社および損害保険会社の委託を受けて生命保険会社および損害保険会社のために行うものであるのに対して、保険仲立人業務は生命保険会社および損害保険会社のために行うものではない保険契約の締結の媒介、すなわち、顧客側のために行うものである点（いわゆる保険ブローカー）に違いがあります。誰のために行うかという点で違いがあるものの、保険代理店業務と保険仲立人業務は、いずれもその業務の内容が「保険募集」であるという点で共通しています。なお、保険仲立人は保険会社のためにその業務を行うものではないため、業務範囲に「締結の代理」は含まれません（保険業法2条25項参照）。

2　保険媒介業務と保険代理店業務との違い

「保険契約の締結の媒介を行う」という点において、保険媒介業務と保険代理店業務は同じです。

しかし、まず主体に違いがあります。保険代理店業務は、保険業法276条の登録を受けている生命保険募集人や損害保険代理店などが主体ですが、保険媒介業務は、生命保険募集人や損害保険代理店はその主体になることはできません。行う業務が同じであっても、主体によって使い分けをしているといえます。

客体の側面でいえば、「誰のために」行う業務であるか、という点にも違いがあります。保険代理店業務は特定の保険会社等（所属保険会社等）に所属し、当該所属保険会社等のために業務を行うことになりますが、保険媒介業務にはこのような所属制は採用されておらず、所属先に縛られることなく保険媒介業務を実施することができます。

また、業務の内容においても違いがあります。保険代理店業務が保険業法上の「保険募集」、すなわち、「保険契約の締結の代理又は媒介を行うこと」（保険業法２条26項）であるのとは異なり、「保険媒介業務」には「締結の代理」が含まれません。これは、金サ法に基づき典型的に想定されている新たなビジネスモデルは、いわゆる家計簿アプリを通じて把握した資金ニーズや資産状況をもとに利用可能な融資の紹介や、個人のライフプランに応じ顧客に適した金融商品･サービスの比較、推奨等であり、このようなビジネスを前提とすれば、金融サービス仲介業者を通じた多様な金融商品サービスへのアクセスを確保する必要はあるものの、金融機関や顧客にかわって取引を成立させる必要はないと考えられるため、「代理」を含める必要がないという理由で、「締結の代理」は含まれていません（WG報告22頁参照）。

加えて、取り扱うことのできる保険契約にも違いがあります（Q10参照）。保険代理店業務が取り扱うことのできる保険契約に制限がないのに対して、保険媒介業務の対象には、「保険契約について顧客に対し高度に専門的な説明を必要とするものとして政令で定める」保険契約の締結の媒介を行う業務は含まれません。

3　保険媒介業務と保険仲立人業務との違い

「保険契約の締結の媒介を行う」という点においては、保険媒介業務と保険仲立人業務も同じです。また、保険仲立人業務にも「締結の代理」が含まれませんので、媒介のみを行うという点でも両者は共通します。

他方で、主体では違いがあります。保険仲立人業務は保険業法286条の登録を受けている保険仲立人が主体ですが、保険媒介業務は、保険仲立人はその主体になることはできません。

また、取り扱うことのできる保険契約に違いがあるという点は、保険代理店業務の場合と同様です（Q10参照）。保険仲立人業務において取り扱うことのできる保険契約には制限がないのに対して、保険媒介業務には制限があります。

Q10　保険媒介業務において取扱い可能な商品は何ですか。

A　保険媒介業務においては、変額保険・外貨建て保険等の特定保険契約、火災保険（家財保険は除く）、再保険、事業目的の個人保険、団体保険（レジャー保険は除く）、保険料の基礎等を顧客に対して適切に提供することが必要なものとして内閣府令で定める保険、保険金が一定金額を超える保険（生命保険：1,000万円、傷害保険：600万円、損害保険2,000万円。ただし、保険料が5,000円以下のものは除く）などが取扱い可能商品から除外されています。

解　説

取扱い可能な商品とは

Ｑ９でみたように、保険媒介業務においては、「保険契約について顧客に対し高度に専門的な説明を必要とするものとして政令で定める」保険契約の締結の媒介を行う業務は含まれません。これは、顧客に対し高度に専門的な説明を要する金融サービスの取扱いに制限を設け、販売・勧誘に係る顧客トラブルを未然に防止することを図るという金サ法の制度設計に基づくものであり、具体的には、商品設計の複雑さや日常生活への定着度、既存法における取扱い等を総合的に勘案したものとされています[12]。

具体的には、以下の各契約が「顧客に対し高度に専門的な説明を必要とするもの」とされています（金サ令18条各号）。

①　変額保険、外貨建て保険などの保険業法300条の２に規定する特定保険契約

②　不動産および動産を主たる保険の目的とし、主として火災によって生ず

12　担当者解説43～44頁。

る損害を塡補することを約する保険契約（もっぱら動産を保険の目的とするものを除きます）

③　再保険契約

④　法人その他の団体または事業としてもしくは事業のために保険契約者となる場合における個人を保険契約者とする保険契約

⑤　団体保険に係る保険契約（保険契約者等の保護に欠けるおそれがないものとして内閣府令で定めるものを除きます）

⑥　保険料の計算の基礎となる係数その他の事項について、顧客に対して必要な情報が適切に提供されることが特に必要なものとして内閣府令で定める保険契約

⑦　①～⑥に掲げる保険契約以外の保険契約で次のいずれかに該当するもの

イ　次の(1)～(3)のいずれかに掲げる保険に係る保険契約であって、一の保険契約者に係る一の被保険者につきそれぞれ当該(1)～(3)に定める金額を超える保険金の支払または損害の塡補を約するもの。ただし、保険契約者等の保護に欠けるおそれがないものとして内閣府令で定めるものは除かれます。

(1)　生命保険　1,000万円

(2)　傷害保険　600万円

(3)　損害保険　2,000万円

ロ　保険期間が被保険者の終身である保険に係る保険契約

上記のうち②について、どのような保険契約が「主として火災によって生ずる損害を塡補することを約する保険契約」に該当するかについては、個別事例ごとに実態に即して実質的に判断されるべきものと考えられていますが、たとえば、火災によって生ずる損害を対象としつつ、特約等により付加的に水害や風雪等によって生ずる損害についてもあわせて対象とする損害保険契約は、これに該当しうるとされています（金サパブコメ回答5頁16～17番）。なお、日常生活に定着していると認められるいわゆる家財保険は、「専ら動産を保険の目的とするもの」として、保険媒介業務の対象とすることが

認められています（金サパブコメ回答５頁20番）。

また、④について、「事業として若しくは事業のために保険契約者となる場合における個人を保険契約者とする保険契約」とは、個人事業主が事業目的で保険契約を締結する場合が想定されているものの、その解釈については、消費者契約法の解釈が参考になるとされています（金サパブコメ回答６頁22番）。

また、⑤について、「保険契約者等の保護に欠けるおそれがないものとして内閣府令で定めるもの」は、「被保険者に対する行事の実施等に付随して引き受けられる保険に係る保険契約（当該行事の実施等に起因する損害等を対象とするものその他の当該行事の実施等と関連性を有するものに限る。）」とされています（金サ令18条５号、金サ府令５条１項）。たとえば、団体の代表者や幹事が保険契約者となり、個人が被保険者となるような、いわゆるレジャー保険は対象となりえますが、行事の実施に関連しない日常生活における傷害のみを対象とするような保険契約は該当しません（金サパブコメ回答７頁27番、８頁28番）。

⑦イについて、「保険契約者等の保護に欠けるおそれがないものとして内閣府令で定めるもの」は、生命保険契約、傷害保険契約および損害保険契約のいずれであっても、保険金額に上限が不要とされます。具体的には、年間保険料額が5,000円以下である保険契約が該当します（金サ令18条７号イ、金サ府令５条３項）。年間保険料額が5,000円以下である保険契約は、一般に、その内容が比較的単純で顧客の理解が容易なものとして、現行の保険業法施行規則において保険契約者等に対する情報提供の方法が弾力化されていることをふまえ、例外的に保険金額の上限を課さないこととしたものとされています（金サパブコメ回答８頁30番～９頁32番）。

Q11 「有価証券等仲介業務」とはどのような業務でしょうか。

A 第一種金融商品取引業者や金融商品仲介業者以外の者が行う、①有価証券の売買の媒介（PTS業務に該当するものを除く）、②国内・海外上場有価証券の売買の委託の媒介、市場デリバティブ取引・外国市場デリバティブ取引の委託の媒介、③有価証券の募集・売出しの取扱い、有価証券の私募・特定投資家向け売付け勧誘等の取扱い、④投資顧問契約または投資一任契約の締結の媒介を行為類型とする業務として定義されています（具体的な内容についてはQ13参照）。

解　説

1　有価証券等仲介業務とは

金サ法11条4項に「有価証券等仲介業務」の定義規定が置かれています。

まずその主体については、①金融商品取引業者であって第一種金融商品取引業を行うもの（以下このQにおいて「第一種金商業者」といいます）および②金融商品仲介業者以外の者とされています。つまり、証券会社等の第一種金商業者や金融商品仲介業者は除外されます（Q12参照）。

次に、対象となる行為類型および顧客の相手方となる金融機関（相手方金融機関）を整理すると図表２－４のとおりとなります。

顧客と顧客の相手方間における売買の媒介や募集等の取扱いが対象とされていますが、いずれの行為類型においても、「顧客に対し高度に専門的な説明を必要とするものとして政令で定めるものを除く」とされていることが金融サービス仲介業における特徴の１つです（Q13参照）。なお、他の法律の規定に基づき業として行うものおよび投資運用業を行う者が行う図表２－４の４号に掲げる行為も除かれています。

顧客の相手方については、①第一種金融商品取引業または投資運用業を行

図表2－4　有価証券等仲介業務の行為類型

<table>
<tr><th></th><th>行為類型</th><th>相手方金融機関</th><th>～のために</th></tr>
<tr><td>1号</td><td>有価証券の売買の媒介（PTS業務に該当するものを除く）</td><td rowspan="4">・第一種金融商品取引業または投資運用業を行う金融商品取引業者（注）
・登録金融機関</td><td>顧客または相手方金融機関</td></tr>
<tr><td>2号</td><td>国内・海外上場有価証券の売買の委託の媒介
市場デリバティブ取引・外国市場デリバティブ取引の委託の媒介</td><td>顧客または相手方金融機関</td></tr>
<tr><td>3号</td><td>有価証券の募集・売出しの取扱い、有価証券の私募・特定投資家向け売付け勧誘等の取扱い</td><td>相手方金融機関</td></tr>
<tr><td>4号</td><td>投資顧問契約または投資一任契約の締結の媒介</td><td>顧客または相手方金融機関</td></tr>
</table>

(注)　第一種金融商品取引業からは第一種少額電子募集取扱業務が、投資運用業からは適格投資家向け投資運用業が、それぞれ除外されています。

う金融商品取引業者、②登録金融機関が対象とされています。もっとも、各行為類型との関係で、当該相手方が金商法上適法にそのような行為を行えるかは別論であり、注意が必要です。

2　有価証券等仲介業務に該当しない行為類型

有価証券等仲介業務に該当する行為を業として行う場合には、金融サービス仲介業の登録を受ける必要がありますが、たとえば、以下の囲み中記載の行為のみを行う場合には、有価証券等仲介業務に関連して、基本的に金融サービス仲介業の登録を受ける必要はないとされています（金サ監督指針Ⅶ－2－1(1))。

もっとも、以下の記載をみればわかるように、金融サービス仲介業に非該当となる行為はかなり限定的に記載されていますので、自らが行おうとする行為に照らして、個別具体的に判断することが必要となります。なお、有価証券等仲介業務に限定されるわけではありませんが、金サパブコメ回答107～112頁152～164番では、より具体的な行為類型についての質問がなされ、金融庁より一定の回答がなされている場合がありますので、そちらの回答も参考になると考えられます。

イ．以下ａからｄまでに掲げる行為の事務処理の一部のみを金融商品取引業者や登録金融機関から受託して行うに過ぎない者は、金融サービス仲介業の登録が不要である場合もあると考えられる。

ａ．商品案内チラシ・パンフレット・契約申込書等の単なる配布・交付・掲載

（注）このとき、単に金融商品取引業者や登録金融機関の商号や連絡先等を伝えることは差し支えないが、配布又は交付する書類の記載方法等の説明をする場合には、媒介に当たることがあり得ることに留意する。

また、比較サイト等の商品情報の提供を主たる目的としたサービスにおいて金融商品取引業者や登録金融機関から提供を受けた商品案内等のコンテンツを単にホームページ上に転載することは差し支えないが、加工したコンテンツを掲載したり、例えば、自らが推奨する商品のコンテンツを上位に表示されるようなデザインやアルゴリズムの仕組みを設けること等をしたりする場合には、媒介に当たることがあり得ることに留意する。

ｂ．契約申込書及びその添付書類等の受領・回収（記載内容の確認等をする場合を除く。）

（注）このとき、単なる契約申込書の受領・回収又は契約申込書の誤記・記載漏れ・必要書類の添付漏れの指摘を超えて、契約申込書の記載内容の確認等まで行う場合は、媒介に当たることがあり得ることに留意する。

ｃ．金融商品説明会等における金融商品の仕組み・活用法等についての一般的な説明

ｄ．勧誘行為をせず、単に顧客を金融商品取引業者に紹介する業務

ロ．上記イｄの「紹介」には、以下の行為を含む。

ａ．当該業者の店舗に、金融商品取引業者が自らを紹介する宣伝媒体

を据え置くこと又は掲示すること。

b．当該業者と金融商品取引業者の関係又は当該金融商品取引業者の業務内容について説明を行うこと。

c．金融機関のサイトへの単なるリンクの設定のみを行い、金融サービス契約締結に至る交渉や手続は当該金融機関と顧客との間で行い、契約締結に当たり当該業者は関与をもたないこと。

Q12 有価証券等仲介業務は、第一種金融商品取引業、投資助言・代理業（代理・媒介業務）および金融商品仲介業と何が異なりますか。

A 有価証券等仲介業務、第一種金融商品取引業、金融商品仲介業については、どれか１つの登録しか受けられないという建付けとなっています。有価証券等仲介業務を金融商品仲介業と比較すると、所属制の有無をあげることができます。有価証券等仲介業務を投資助言・代理業（代理・媒介業務）と比較すると、取扱い可能商品に制限があるという違いがあります。

解　説

1　第一種金融商品取引業および金融商品仲介業との関係

有価証券等仲介業務のうち、金サ法11条４項１号〜３号の行為は、第一種金融商品取引業における行為と重なっています（金商法28条１項１号、２条８項２号・３号・９号）。また、金融商品仲介業における行為（金商法２条11項１号〜４号）と有価証券等仲介業務における金サ法11条４項１号〜４号の行為も重なっています。

もっとも、Q11でみたように、第一種金融商品取引業を行う金融商品取引業者（以下このQにおいて「第一種金商業者」といいます）および金融商品仲介業者が行う行為は有価証券等仲介業務には該当しません。その裏返しといえますが、有価証券等仲介業務は金融商品取引業には該当しないものとみなされます（金サ法17条５項）。なお、Q13でみるように、有価証券等仲介業務では取扱い可能な商品に制限が付されています。

さらに以下のとおり、第一種金融商品取引業、金融商品仲介業、金融サービス仲介業における有価証券等仲介業務については、どれか１つの登録しか受けられないという建付けとなっています。具体的には、

⑴　金融商品仲介業に係る登録（金商法66条）を受けたとき、または金融サービス仲介業の登録（金サ法12条）もしくは変更登録（金サ法16条１項）を受けたときは、第一種金融商品取引業のみを行う第一種金商業者については金融商品取引業者としての登録が失効し（金商法50条の２第11項）、第一種金融商品取引業のみを行う者を除く第一種金商業者については第一種金融商品取引業を行わない旨の変更登録を受けたものとみなされます（金商法50条の２第12項）。

⑵　金融商品仲介業者についても、有価証券等仲介業務の種別について、金融サービス仲介業の登録や変更登録を受けたときは、同じく金融商品仲介業者としての登録は失効します（金商法66条の19第２項・１項６号）。金融商品仲介業者が、第一種金商業者に係る登録を受けた場合も同様に金融商品仲介業者としての登録は失効します（金商法66条の19第２項）。

⑶　有価証券等仲介業務のみを行う金融サービス仲介業者が第一種金商業者や金融商品仲介業者となった場合には金融サービス仲介業者としての登録は失効し（金サ法16条６項・３項８号ハ）、有価証券等仲介業務も含めて複数の業務を行う金融サービス仲介業者については、有価証券等仲介業務を行わない旨の変更登録を受けたものとみなされます（金サ法16条４項・３項８号ハ）。

これは、とりわけ金融商品仲介業との関係では、金融サービス仲介業と既存の仲介業の両方の登録を受け、両方の立場で仲介行為を行いうることとした場合、仲介業者がいずれの立場でいかなる規制に基づいて仲介行為を行っているのか顧客に混同をもたらすおそれがあると考えられたためです[13]。また、第一種金融商品取引業との関係では、上記のとおり行為の内容が重なっている以上、当然に金融商品仲介業や有価証券等仲介業務を行うことができるためだと思われます。

13　担当者解説45頁。

2　所属制の有無（金融商品仲介業との関係）

さらに金融商品仲介業との対比では、所属制の有無をあげることができます。

金融商品仲介業者は、第一種金融商品取引業もしくは投資運用業を行う金融商品取引業者または登録金融機関という所属金融商品取引業者等から委託を受け、当該所属金融商品取引業者等のために、顧客との間で有価証券の売買の媒介等の金融商品仲介行為を行います（金商法66条）。金融商品仲介業者は、所属金融商品取引業者等との間で金融商品仲介業に係る業務の委託契約を締結する必要があり、コンプライアンス機能等、所属金融商品取引業者等による指導や監督を受けることとなります。また、所属金融商品取引業者等は、その委託を行った金融商品仲介業者が金融商品仲介業につき顧客に加えた損害を原則として賠償しなければなりません（金商法66条の24）。

他方で、有価証券等仲介業務を行う金融サービス仲介業者の媒介の相手方は、金融商品仲介業者と同様に、第一種金融商品取引業もしくは投資運用業を行う金融商品取引業者または登録金融機関でありますが、上記のような所属制の枠組みは採用されていません。したがって、当該金融商品取引業者や登録金融機関からの委託を受けて有価証券等仲介業務を行わずともよく、これにより、金融サービス仲介業者が金融機関と柔軟に連携・協働することを可能としています[14]。

なお、媒介の意義との関係では、「金融機関側からの委託がなく行われる行為が『媒介』に該当するか否かについては、一連の行為を総合的にみて、個別事例ごとに実態に即して実質的に判断されるべきものと考えます」とされていますので（金サパブコメ回答107～108頁154番）、金融機関側からの委託がないからといって、媒介に該当しないというわけではありません。

14　担当者解説43頁。

3　投資助言・代理業（代理・媒介業務）との関係

有価証券等仲介業務のうち、金サ法11条４項４号の行為は、投資助言・代理業である投資顧問契約または投資一任契約の締結の媒介における行為と重なっています（金商法28条３項２号、２条８項13号）。もっとも、Q13でみるように、有価証券等仲介業務では媒介可能な投資顧問契約および投資一任契約において取扱い可能な商品に制限が付されています。

投資助言・代理業については、「『投資運用業』、『投資助言・代理業』、『第二種金融商品取引業』……については、登録拒否事由に該当しない限り、金融サービス仲介業と兼業することは可能です」とされています（金サパブコメ回答60頁179番）。なお、「投資運用業を行う者が行う金サ法11条４項４号に掲げる行為」は有価証券等仲介業務から除外されているため（金サ法11条４項４号柱書）、金融サービス仲介業との兼業を行う投資運用業者が、有価証券等仲介業務のうち、金サ法11条４項４号に掲げる行為を行うことはできないと考えられます。

Q13 有価証券等仲介業務において取扱い可能な商品は何ですか。

A 金サ令19条１項１号イ～リに掲げる有価証券（国債、地方債、社債、上場株式、投資信託、投資証券等）の取扱いが可能とされています。社債等についてはいわゆる仕組み債等の取扱いは制限され、投資信託や投資法人についてはその投資対象となる有価証券が有価証券等仲介業務で取り扱うことのできる有価証券に限定されています。また、市場デリバティブ取引および外国市場デリバティブ取引の委託の媒介はできず、有価証券の私募等の取扱いも制限されています。

解　説

1　取扱い可能な商品とは

Q11でみたように、有価証券等仲介業務においては、取扱い可能な商品から「顧客に対し高度に専門的な説明を必要とするものとして政令で定めるものを除く」こととされています。これは、顧客に対し高度に専門的な説明を要する金融サービスの取扱いに制限を設け、販売・勧誘に係る顧客トラブルを未然に防止することを図るという金サ法の制度設計に基づくものであり、具体的には、商品設計の複雑さや日常生活への定着度、既存法における取扱い等を総合的に勘案したものとされています[15]。なお、「必要に応じて見直しの要否を検討していくべきものと考えます」とされています（金サパブコメ回答１頁２～３番）。

有価証券等仲介業務において対象となる「有価証券」「市場デリバティブ取引」「外国市場デリバティブ取引」「投資顧問契約」「投資一任契約」について、金サ法では、金商法における定義がそのまま利用されており（金サ法

15　担当者解説43～44頁、金サパブコメ回答14～16頁44～45番。

２条３項～５項、11条４項４号）、除外取引は政令・内閣府令において規定されています（金サ令19条、金サ府令６条）。

2　有価証券の売買の媒介における取扱い可能な商品

有価証券等仲介業務のうち、有価証券の売買の媒介（金サ法11条４項１号）との関係で取扱い可能な商品は、大要、図表２－５のとおりとなります。なお、金サ令19条は、有価証券等仲介業務において取り扱うことができないものを規定しているところ、同条１項１号柱書は「有価証券（次に掲げる有価証券を除く。）の売買」（下線は筆者によるもの）としています。つまり、カッコ書に該当する同号イ～リについては、取扱い制限の対象から除かれ、その結果、有価証券等仲介業務で取扱いが可能となるという二重に除外を規定する形式となっていることに留意が必要です。すなわち、「取り扱うことができないものから除かれる有価証券（下線部）＝取り扱うことができる有価証券」となり、結果として、同号イ～リに掲げられた有価証券が取扱い可能な商品となっています[16]。

以上からわかるように、国債、地方債、社債、上場株式、投資信託、投資証券等の取扱いが可能とされています。

もっとも、社債等については、償還の方法、期限その他の条件について制限が付されており（金サ府令６条１項）、いわゆる仕組み債等の取扱いは制限されることとなっています[17]。また、投資信託や投資法人について、ハ(2)やニ(2)では、その投資対象となる有価証券が有価証券等仲介業務で取り扱うことのできる有価証券に限定されています[18]。これは、ファンドをいわば隠れ蓑として、顧客に「高度に専門的な説明を必要」とする有価証券に実質的に投資させないための規定だと考えられます。さらに、ファンドにおけるデリ

16　担当者解説44頁。

17　担当者解説44頁。

18　より正確には、公募・売出しが要件となっている有価証券であっても、それらは要件とされていません（金サ令19条１項１号ハ(2)「（イ(1)、ハ(1)、ニ(1)およびホ(1)に係る部分を除く。）」との文言）。図表２－５（注３）参照。

図表２－５　有価証券の売買の媒介（金サ法11条４項１号）において取扱い可能な商品

商品	制限
金サ令19条１項１号イ ①国債、②地方債、③特別の法律により法人の発行する債券、④社債（新株予約権付社債を除く）	⑴公募・売出し、かつ、⑵償還の方法、期限その他の条件が金サ府令６条１項で定める要件のすべて（注１）に該当するもの
同号ロ ①特別の法律により設立された法人の発行する出資証券、②協同組織金融機関の優先出資に関する法律に規定する優先出資証券、③株券	国内または海外の取引所に上場（注２）
同号ハ ①投資信託、②外国投資信託の受益証券	⑴公募・売出しまたは上場、かつ、⑵有価証券（イ～リのものを除く（注３））またはデリバティブ取引（これに類するものとして金サ府令６条３項で定める取引を含む）に係る権利を信託財産とするもの（金サ府令６条４項で定める目的（注４）のものを除く）でないもの
同号ニ ①投資証券、②外国投資証券で投資証券に類する証券	⑴公募・売出しまたは上場、かつ、⑵有価証券（イ～リのものを除く）またはデリバティブ取引（ハに同じ）に係る権利を投資の対象とする資産とするもの（金サ府令６条４項で定める目的のものを除く）でないもの
同号ホ ①投資法人債券、②外国投資証券で投資法人債券に類する証券	⑴公募・売出し、かつ、⑵償還の方法、期限その他の条件が金サ府令６条１項で定める要件の全てに該当するもの
同号ヘ 信託法に規定する受益証券発行信託の受益証券（注５）	⑴上場、かつ、⑵主として投信法２条１項の特定資産を信託財産とするもののうち、有価証券（イ～リのものを除く）またはデリバティブ取引（ハに同

商品	制限
	じ）に係る権利を信託財産とするもの（金サ府令6条4項で定める目的のものを除く）でないもの
同号ト 外国または外国の者の発行する証券または証書	イ、ロまたはへに掲げる有価証券の性質を有するもの
同号チ 金商法2条1項各号に掲げる証券または証書の預託を受けた者が当該証券または証書の発行された国以外の国において発行する証券または証書で、当該預託を受けた証券または証書に係る権利を表示するものでイ～トに掲げる有価証券に係る権利を表示するもの	上場
同号リ イ～チに掲げる有価証券に表示されるべき権利であって、金商法2条2項の規定により有価証券とみなされるもの	なし
※1号イ～リに掲げる有価証券の売買のうち、デリバティブ取引、信用取引、金サ府令6条5項で定める取引（注6）は「顧客に対し高度に専門的な説明を必要とするものとして政令で定めるもの」に該当し、取扱い不可（金サ令19条1項2号）	

（注1） ①償還期限および償還金額（確定金額に限ります）の定めがあり、かつ、償還時に額面金額の全部または一部の償還がされない条件が付されていないこと、②元本の償還および利息の支払が、払込みをする通貨と同じ通貨で行われない条件が付されていないこと、③指標に係る変動により期限前償還をする条件が付されていないこと、④指標（金利および金利に基づいて算出される数値を除きます）に係る変動により利息の額が変動する条件が付されていないこと、⑤元利金の支払について劣後的内容を有する特約が付されていないこと、⑥金融庁長官の指定する有価証券でないこと。ホ(2)について同じです。

（注2） 取引所規則に基づき、上場を廃止することが決定された銘柄または上場を廃止するおそれがある銘柄として指定されている有価証券を除きます（金サ府令6条2項）。ハ(1)、ニ(1)、ヘ(1)、チの上場について同じです。このような銘柄を顧客が保有している場合、「当該顧客は金融サービス仲介業者を通じて当該有価証券を売却することはできないものと考えます」とされています（金サパブコメ回答17頁49

番)。

(注3) イ(1)、ハ(1)、ニ(1)およびホ(1)に係る部分は除きます。ニ(2)、ヘ(2)について同じです。

(注4) ①当該有価証券が投資の対象とする資産を保有した場合と同様の損益を実現する目的、②当該有価証券の資産または負債に係る価格変動および金利変動により生じるリスクを減じる目的、③先物外国為替取引により、当該有価証券の資産または負債について為替相場の変動により生じるリスクを減じる目的。ニ(2)、ヘ(2)について同じです。

いずれも、「個別事例ごとに実態に即して実質的に判断されるべきものと考え」られますが、①について「信託目的がこれと一致しているか否かは、重要な考慮要素の一つとなるものと考え」られ(金サパブコメ回答19頁56番)、②について「価格変動及び金利変動により生じるリスクを減じる目的であることが投資信託約款上必ずしも明らかでない場合であっても、運用実態において価格変動及び金利変動により生じるリスクを減じる目的での投資が行われていると認められるものについては、これに該当し得るものと考え」られ(金サパブコメ回答19～20頁57番)、③について「例えば、取引対象通貨との為替差益やヘッジプレミアムの獲得による収益期待を謳うようなものは、基本的にはこれに該当しないものと考え」られる(金サパブコメ回答20頁58番)とされています。

(注5) 受益証券発行信託の受益証券については、「その信託財産となる社債券の取得勧誘等が多数の者を対象として行うものでない場合であっても、有価証券等仲介業務の対象となり得るものと考えます」とされ(金サパブコメ回答17～18頁51番)、また「非上場株を有価証券等仲介業務の対象外としていることとの整合性等を踏まえ、信託財産となる株券等が金融商品取引所又はこれに類似する取引所で外国に所在するものに上場されているなどの要件を満たしたものに限り、有価証券等仲介業務の対象としています」とされています(金サパブコメ回答18頁52番)。

(注6) ①発行日取引、②空売り、③債券等の買戻条件付売買、④債券等の売戻条件付売買、⑤選択権付債券売買。

バティブ取引についても、ヘッジ目的等が要件となっており、レバレッジ型やインバース型のファンドの取扱いは制限されると考えられます[19]。

3 その他の有価証券等仲介業務における取扱い可能な商品

金サ法11条4項2号～4号との関係では、以下の図表2－6記載のものが取扱い可能な商品となっています(金サ令19条2項～5項)。市場デリバティブ取引および外国市場デリバティブ取引の委託の媒介は不可となっています。また、上記2の有価証券の売買の媒介において取扱い可能な有価証券に

19 担当者解説44頁。

図表２－６　有価証券の売買の媒介以外の業務（金サ法11条４項２号～４号）において取扱い可能な商品

有価証券等仲介業務の行為類型	取扱い可能な商品
金サ法11条４項２号 国内・海外上場有価証券の売買の委託の媒介 市場デリバティブ取引・外国市場デリバティブ取引の委託の媒介	金サ令19条２項 金サ令19条１項１号イ～リに掲げる有価証券の売買
金サ法11条４項３号 有価証券の募集・売出しの取扱い、有価証券の私募・特定投資家向け売付け勧誘等の取扱い	金サ令19条３項 金サ令19条１項１号イ～リに掲げる有価証券の募集・売出しの取扱い
金サ法11条４項４号 投資顧問契約または投資一任契約の締結の媒介	金サ令19条４～５項（注） ①金サ令19条１項１号イ～リに掲げる有価証券の価値等または金サ令19条１項～３項に該当しない（＝政令除外されない）取引および取扱いに係る金融商品の価値等の分析に基づく投資判断に関し助言を行う投資顧問契約 ②金サ令19条１項～３項に該当しない（＝政令除外されない）取引および取扱いに係る投資判断に基づき投資を行う投資一任契約

（注）　すなわち、「有価証券等仲介業務の対象となる有価証券の売買等の取引及び取扱いに係る投資判断に関し助言を行うもの又は当該投資判断に基づき投資を行う契約」がここでの対象になります（金サパブコメ回答20～21頁60番）。

係る募集・売出しの取扱いや投資顧問契約・投資一任契約の締結の媒介等は可能ですが、私募等の取扱いは制限されています[20]。

20　担当者解説45頁。「適格機関投資家私募を含む私募の取扱いについては、必ずしも一般の投資家向けのサービスとして日常生活に定着しているとは認め難い現状等を踏まえれば、顧客に対し高度に専門的な説明を必要とするものと考えます」とされています（金サパブコメ回答20頁59番）。

Q14 「貸金業貸付媒介業務」とはどのような業務でしょうか。

A 貸金業者以外の者が行う、貸金業者と顧客の間の資金の貸付けまたは手形の割引の締結の媒介を内容とする業務です。

解　説

1　貸金業貸付媒介業務とは

金サ法11条５項に「貸金業貸付媒介業務」の定義規定が置かれています。

まずその主体については、貸金業者以外の者とされています。

次に、対象となる行為は、資金の貸付けまたは手形の割引の締結の媒介であり、顧客の相手方は貸金業者になります。

顧客と顧客の相手方間における資金の貸付けまたは手形の割引の締結の媒介が対象とされていますが、「顧客に対し高度に専門的な説明を必要とするものとして政令で定めるものを除く」とされていることが金融サービス仲介業における特徴の１つです（Q16参照）。なお、他の法律の規定に基づき業として行うものおよび貸金業法２条１項各号（２号を除きます）に掲げるもの（すなわち、貸金業の適用除外対象の貸付け）も除かれています。

2　貸金業貸付媒介業務に該当しない行為類型

貸金業貸付媒介業務に該当する行為を業として行う場合には、金融サービス仲介業の登録を受ける必要がありますが、たとえば、以下の行為のみを行う場合には、貸金業貸付媒介業務に関連して、基本的に金融サービス仲介業の登録を受ける必要はないとされています（金サ監督指針Ⅷ－３－１－１(3)）。

もっとも、以下の記載をみればわかるように、金融サービス仲介業に非該当となる行為はかなり限定的に記載されていますので、自らが行おうとする行為に照らして、個別具体的に判断することが必要となります。なお、貸金業貸付媒介業務に限定されるわけではありませんが、金サパブコメ回答107～112頁152～164番では、より具体的な行為類型についての質問がなされ、金融庁より一定の回答がなされている場合がありますので、そちらの回答も参考になると考えられます。

例えば、以下のイからニに掲げる行為の事務処理の一部のみを貸金業者から受託して行うに過ぎない者は、金融サービス仲介業の登録が不要である場合もあると考えられる。

イ．商品案内チラシ・パンフレット・契約申込書等の単なる配布・交付

（注）このとき、貸金業者名やその連絡先等を伝えることは差し支えないが、配布又は交付する書類の記載方法等の説明をする場合には、媒介に当たることがあり得ることに留意する。

また、比較サイト等の商品情報の提供を主たる目的としたサービスにおいて貸金業者から提供を受けた商品案内等のコンテンツを単にホームページ上に転載することは差し支えないが、加工したコンテンツを掲載したり、例えば、自らが推奨する商品のコンテンツを上位に表示されるようなデザインやアルゴリズムの仕組みを設けること等をしたりする場合には、媒介に当たることがあり得ることに留意する。

ロ．契約申込書及びその添付書類等の受領・回収

（注）このとき、単なる契約申込書の受領・回収又は契約申込書の誤記・記載漏れ・必要書類の添付漏れの指摘を超えて、契約申込書の記載内容の確認等まで行う場合は、媒介に当たることがあり得ることに留意する。

ハ．住宅ローン等の説明会における一般的な住宅ローン商品等の仕組み・活用法等についての説明

ニ．勧誘行為をせず、単に顧客を貸金業者に紹介する業務

（注）上記「紹介」には、以下の行為を含む。

ａ．当該業者の店舗に、貸金業者が自らを紹介する宣伝媒体を据え置くこと又は掲示すること。

b．当該業者と貸金業者の関係又は当該貸金業者の業務内容について説明を行うこと。

c．貸金業者のサイトへの単なるリンクの設定のみを行い、資金の貸付を内容とする契約の締結に至る交渉や手続は当該貸金業者と顧客との間で行い、契約締結に当たり当該業者は関与をもたないこと。

Q15 貸金業貸付媒介業務は、貸金業と何が異なりますか。

A 貸金業貸付媒介業務では、貸金業に比べて取扱い可能な商品に制限が付されています。

解　説

貸金業貸付媒介業務および貸金業との関係

貸金業貸付媒介業務である資金の貸付けまたは手形の割引の締結の媒介は、貸金業における行為と重なっています（貸金業法２条１項柱書）。

もっとも、Q14でみたように、貸金業貸付媒介業務は「貸金業者以外の者」が行う行為とされていますので、貸金業者が行う資金の貸付けまたは手形の割引は貸金業貸付媒介業務に該当しません。

なお、Q16でみるように、貸金業貸付媒介業務では取扱い可能な商品に制限が付されています。

また、貸金業貸付媒介業務の種別に係る金融サービス仲介業の登録（金サ法12条）または変更登録（金サ法16条１項）を受けたときは、貸金業者としての登録が失効します（貸金業法10条１項６号・２項）。そして、貸金業貸付媒介業務のみを行う金融サービス仲介業者が貸金業者となった場合には金融サービス仲介業者としての登録は失効し（金サ法16条６項・３項８号ニ）、貸金業貸付媒介業務も含めて複数の業務を行う金融サービス仲介業者については、貸金業貸付媒介業務を行わない旨の変更登録を受けたものみなされます（金サ法16条４項・３項８号ニ）。つまり、貸金業と貸金業貸付媒介業務については、いずれかの登録しか受けられないということになります。

Q16 貸金業貸付媒介業務において取扱い可能な商品は何ですか。

A 貸金業貸付媒介業務における取扱い対象の商品である資金の貸付けまたは手形の割引のうち、消費者向けの極度方式基本契約およびこれに基づく資金の貸付けに係る契約（典型的には、カードローン）を取り扱うことができません。

解　説

1　取扱い可能な商品とは

Q14でみたように、貸金業貸付媒介業務においては、取扱い可能な商品から「顧客に対し高度に専門的な説明を必要とするものとして政令で定めるものを除く」こととされています。これは、顧客に対し高度に専門的な説明を要する金融サービスの取扱いに制限を設け、販売・勧誘に係る顧客トラブルを未然に防止することを図るという金サ法の制度設計に基づくものであり、具体的には、商品設計の複雑さや日常生活への定着度、既存法における取扱い等を総合的に勘案したものとされています[21]。なお、「必要に応じて見直しの要否を検討していくべきものと考えます」とされています（金サパブコメ回答1頁2～3番）。

2　貸金業貸付媒介業務における取扱い可能な商品

貸金業貸付媒介業務において取扱い可能な商品は、資金の貸付けまたは手形の割引になりますが、このうち「個人である顧客との間の資金の貸付け又は手形の割引を内容とする契約のうち、当該顧客によりあらかじめ定められた条件に従った返済が行われることを条件として、当該顧客の請求に応じ、

21　担当者解説43～44頁、金サパブコメ回答14～16頁44～45番。

極度額の限度内において資金の貸付け又は手形の割引を行うことを約するもの」および当該契約に基づく資金の貸付けまたは手形の割引に係る契約、すなわち、消費者向けの極度方式基本契約およびこれに基づく資金の貸付けに係る契約（典型的には、カードローン）が「顧客に対し高度に専門的な説明を必要とするものとして政令で定めるもの」として除外される取引とされています（金サ令20条）。

Q17 各業務の定義に含まれている「媒介」とはどのような行為ですか。

A 「媒介」とは一般に、「当事者の一方または双方の依頼により、当事者間の契約の成立をあっせん尽力する事実上の行為」を意味します。金サ法上、どのような行為が「媒介」に該当するかについては、銀行代理業、金融商品取引業、保険募集、貸金業における「媒介」と同様に解釈されることになると考えられます。

解　説

1　「媒介」とは

「媒介」とは、一般に、「当事者の一方または双方の依頼により、当事者間の契約の成立をあっせん尽力する事実上の行為」を意味するといわれています。したがって、当事者間の契約締結に向けて尽力する事実行為が行われているか否かが「媒介」に該当するか否かを分けることになります。「媒介」という用語は、銀行法、金商法、保険業法、貸金業法、金サ法の各法律において用いられており、一般的な用語の意味はどの法律においても同じものとして解釈されていますが、具体的な行為が各法律上の「媒介」に該当するか否かは、各法律ごとにおいて指針とされる基準のもと、個別具体的に解釈されることになります。

2　銀行代理業における「媒介」

銀行法上、「銀行代理業」とは、銀行のために次に掲げる行為のいずれかを行う営業をいうとされており、「媒介」が含まれています（銀行法２条14項）。

1　預金または定期積金等の受入れを内容とする契約の締結の代理または媒介

2　資金の貸付けまたは手形の割引を内容とする契約の締結の代理または媒介

3　為替取引を内容とする契約の締結の代理または媒介

銀行代理業を行うには銀行代理業の許可を得る必要がありますが、「媒介」に至らない行為を銀行から受託して行う場合は、銀行代理業の許可を得る必要はありません。たとえば、銀行から入稿された融資商品に関する広告を運営・管理するwebサイトおよびメールマガジンに掲載し、当該メールマガジンを配信するにとどまるような「webサイト等に広告を掲載する行為」は、貸付け契約の締結を直接働きかけるものではなく、「媒介」ではないとされています（平成20年6月30日付金融庁における法令適用事前確認手続（回答書）参照）。

3　金融商品取引業における「媒介」

金融商品取引業のなかには、「有価証券の売買、市場デリバティブ取引又は外国市場デリバティブ取引の媒介」や「店頭デリバティブ取引又はその媒介」などの業において、「媒介」が含まれています。金商法上、「媒介」とは、いわゆる周旋のことで、他人の間に立って、他人を当事者とする法律行為の成立に尽力する事実行為をいいます。他人を代理するものでない点で「代理」と異なり、また、自らの名において法律行為をするものでない点で「取次ぎ」と異なります。法律行為の成立に尽力する事実行為が行われれば「媒介」に該当し、当該法律行為の成立は要件とはなりません[22]。

具体的には、株価や金融情報を提供している金融商品取引業者や情報ベンダーについても、複数の金融商品取引業者等が提示している気配に一覧性があり（気配の競合）、専用情報端末の配布や注文・交渉のためのリンク等の設定をはじめとする取引条件に係る合意手段が提供されている場合には、金融商品取引業としての「媒介」に該当し、かつ私設取引システム業務の認可を

22　以上の媒介の意義について、神田秀樹＝黒沼悦郎＝松尾直彦編著『金融商品取引法コンメンタール1―定義・開示制度〔第2版〕』（商事法務、2018年）143頁〔松尾直彦〕。

あわせて要するものとされています（金商業者等監督指針Ⅳ－４－２－１①ハ）。

４　保険募集における「媒介」

「保険募集」とは、保険契約の締結の代理または媒介を行うことをいい（保険業法２条26項）、以下のア～エの行為をいうとされています（保険監督指針Ⅱ－４－２－１⑴①）。

ア　保険契約の締結の勧誘

イ　保険契約の締結の勧誘を目的とした保険商品の内容説明

ウ　保険契約の申込みの受領

エ　その他の保険契約の締結の代理または媒介

また、上記エに該当するか否かについては、一連の行為のなかで、当該行為の位置づけをふまえたうえで、以下のアおよびイの要件に照らして、総合的に判断するものとされています（保険監督指針Ⅱ－４－２－１⑴②）。

ア　保険会社または保険募集人などからの報酬を受け取る場合や、保険会社または保険募集人と資本関係等を有する場合など、保険会社または保険募集人が行う募集行為と一体性・連続性を推測させる事情があること。

イ　具体的な保険商品の推奨・説明を行うものであること。

さらに、契約見込客の発掘から契約成立に至るまでの広い意味での保険募集のプロセスのうち上記に照らして保険募集に該当しない行為（以下「募集関連行為」といいます）については、直ちに募集規制が適用されるものではないとされており（保険監督指針Ⅱ－４－２－１⑵）、たとえば、保険商品の推奨・説明を行わず契約見込客の情報を保険会社または保険募集人に提供するだけの行為や、比較サイト等の商品情報の提供を主たる目的としたサービスのうち保険会社または保険募集人からの情報を転載するにとどまるものが考えられます（保険監督指針Ⅱ－４－２－１⑵（注１））。

また、たとえば、以下の行為のみを行う場合には、上記の要件に照らして、基本的に保険募集・募集関連行為のいずれにも該当しないものと考えられています（保険監督指針Ⅱ－４－２－１⑵（注３））。

ア　保険会社または保険募集人の指示を受けて行う商品案内チラシの単なる配布

イ　コールセンターのオペレーターが行う、事務的な連絡の受付や事務手続等についての説明

ウ　金融商品説明会における、一般的な保険商品の仕組み、活用法等についての説明

エ　保険会社または保険募集人の広告を掲載する行為

ただし、たとえば、以下の行為については、保険募集に該当しうることに留意する必要があります（保険監督指針Ⅱ－４－２－１⑵（注２））。

ア　業として特定の保険会社の商品（群）のみを見込客に対して積極的に紹介して、保険会社または保険募集人などから報酬を得る行為

イ　比較サイト等の商品情報の提供を主たる目的としたサービスを提供する者が、保険会社または保険募集人などから報酬を得て、具体的な保険商品の推奨・説明を行う行為

上記のとおり、保険業法上は、「媒介」という用語のみに着目せず、「保険募集」かどうか、という観点から個別具体的な検討がなされることになります。

5　貸金業における「媒介」

「貸金業」とは、金銭の貸付けまたは金銭の貸借の媒介で業として行うものをいい、国または地方公共団体が行うもの等の一定のものが除外されます（貸金業法２条１項）。貸金業においても、「媒介」とは、一般に、他人間の法律行為の成立に尽力する行為をいうものであり、「金銭の貸借の媒介」とは、資金の融通を受けたい者と資金の融資を行いたい者との間に立って、金銭消費貸借契約の成立に尽力する行為をいうとされています（平成19年７月９日付金融庁における法令適用事前確認手続（回答書）参照）。

たとえば、貸金業者のサイトへのリンクを設定するのみで、貸付契約締結に至る交渉や手続は当該貸金業者と顧客との間で行われ、契約締結にあたっ

て関与しないというものについては、金銭消費貸借契約の成立に尽力する行為ではなく、「金銭の貸借の媒介」ではないと解されています（平成19年７月９日付金融庁における法令適用事前確認手続（回答書）参照）。

6　金サ法における「媒介」

金サ法では、銀行代理業、金融商品取引業、保険募集、貸金業と概念的に重なる預金等媒介業務、有価証券等仲介業務、保険媒介業務および貸金業貸付媒介業務をまとめて金サ法にて規制することになります。そのため、預金等媒介業務、有価証券等仲介業務、保険媒介業務および貸金業貸付媒介業務でいうところの「媒介」は、基本的に上記で述べてきたような、銀行代理業、金融商品取引業、保険募集、貸金業における「媒介」と同様に解釈されることになると考えられます。

預金等媒介業務、有価証券等仲介業務、保険媒介業務および貸金業貸付媒介業務における「媒介」に該当するか否かについては、金サ監督指針においてそれぞれ具体例が示されています（Q５・８・11・14参照）。

Q18 「電子金融サービス仲介業務」とはどのような業務でしょうか。

A 金融サービス仲介業者が、そのサービス用のアプリで受け付けた顧客の注文の内容をAPI接続を通じて相手方金融機関に伝達するような場合、この業務は「電子金融サービス仲介業務」に該当するものとされています。電子金融サービス仲介業務の登録を受けると、銀行法上の登録を受けずに届出のみにより電子決済等代行業を行うことができるというメリットがあります。

解　説

金融サービス仲介業者が、そのサービス用のアプリで受け付けた顧客の注文の内容をAPI接続を通じて相手方金融機関に伝達するような場合、この業務は「電子金融サービス仲介業務」に該当するものとされています。

金融サービス仲介業者が電子金融サービス仲介業務を行う旨は登録事項とされ（金サ法13条1項6号）、登録後の変更についてはあらためて変更登録を受ける必要があり（金サ法16条1項）、また、電子金融サービス仲介業務を行う場合には一定の体制整備が求められます（金サ法15条1項1号レ。なお、金サ監督指針Ⅲ－2－13－2⑾およびⅢ－3－1⑼②参照）。他方、電子金融サービス仲介業務を行う場合には銀行法上の登録を受けずに届出のみにより電子決済等代行業を行うことができるというメリットがあります（Q19参照）。

「電子金融サービス仲介業務」とは、「電子情報処理組織を使用する方法その他の情報通信の技術を利用する方法であって内閣府令で定めるもの」を利用して行う金融サービス仲介業務と定義されています（金サ法13条1項6号）。そのうえで、「……内閣府令で定めるもの」として、具体的には、

① 金融サービス仲介業者が、顧客から当該金融サービス仲介業者の提供するソフトウェア[23]を使用する方法により当該顧客が締結しようとする金融サービス契約に関する顧客の注文の内容の伝達を受け、

② 相手方金融機関が定める方式（金融サービス仲介業者が金融サービス仲介業務に用いるソフトウェアと相手方金融機関が金融サービス契約の締結に用いるソフトウェアとの間の通信に係る方式に限る）に従い、当該注文の内容を当該相手方金融機関に伝達する方法

と定義されています（金サ府令９条）。

この定義は「電子決済等代行業」の定義（銀行法２条17項。Q19参照）を参考にしたものと考えられます。もっとも、電子決済等代行業の定義においては、顧客から事業者への伝達についても事業者から銀行への伝達についても、その方法については（内容のみの伝達の場合を除き）「電子情報処理組織を使用する方法」と広く定義されているのとは異なり、電子金融サービス仲介業務の定義においては、いわゆるAPI連携方式を想定した方法に限定されている点に留意を要します。

23 「金融サービス仲介業者の提供するソフトウェア」には、金サパブコメ回答23頁71番において、「第三者が開発し金融サービス仲介業者に提供したソフトウェアや金融サービス仲介業者と他の事業者とで共用されているソフトウェア」や、「ウェブアプリケーションやクラウドアプリケーション」も含まれるとの考え方が示されています。

Q19　電子金融サービス仲介業務を行う場合に届出により行うことのできる「電子決済等代行業」とは何ですか。

A　原則として銀行法52条の61の２に基づく登録を受けることが必要な業務であり、更新系（預金口座に係る資金を移動させることを含む業務）と参照系（預金口座の残高の変動を伴うことなく、預金口座に関する情報を利用者に提供する業務）があります。

解　説

電子決済等代行業（銀行法２条17項）を行うためには、原則として銀行法52条の61の２に基づく登録を受けることが必要になります。もっとも、金サ法上、電子金融サービス仲介業務を行う金融サービス仲介業者は、一定の形式的な欠格事由に該当する場合を除き、銀行法上の登録を受けずに、届出を行うだけで電子決済等代行業を行うことができます（金サ法18条１項・３項、金サ府令21条）。

銀行法上、以下の行為（更新系または参照系）のいずれかを行う営業は、原則として「電子決済等代行業」に該当するものとされています（銀行法２条17項）。

・更新系：銀行に預金の口座を開設している預金者の委託（二以上の段階にわたる委託を含む）を受けて、電子情報処理組織を使用する方法により、当該口座に係る資金を移動させる為替取引を行うことの当該銀行に対する指図（当該指図の内容のみを含む）の伝達（当該指図の内容のみの伝達にあっては、内閣府令で定める方法によるものに限る）[24]を受け、これを当該銀行に対して伝達すること[25]（銀行法２条17項１号）

更新系の「電子決済等代行業」は、「口座に係る資金を移動」させることを含む業務であり、利用者の預金口座の残高が実際に変動（更新）するようなものが想定されています。ただし、API連携方式のように、顧客からオンライン・バンキング用のID・パスワード等を取得せずに行う場合には、特定の者に対する定期的な支払を目的として行う行為など、一定の行為は除外されます（銀行法施行規則１条の３の３第１項）。

・参照系：銀行に預金または定期積金等の口座を開設している預金者等の委託（二以上の段階にわたる委託を含む）を受けて、電子情報処理組織を使用する方法により、当該銀行から当該口座に係る情報を取得し、これを当該預金者等に提供すること（他の者を介する方法により提供することおよび当該情報を加工した情報を提供することを含む）（銀行法２条17項２号）

参照系の「電子決済等代行業」は、預金口座の残高の変動を伴うことなく、預金口座に関する情報を利用者に提供する（利用者が情報を参照できる）業務が想定されています。

なお、電子金融サービス仲介業務を行う金融サービス仲介業者が届出により電子決済等代行業を行う場合、当該金融サービス仲介業者は、一定の法令の規定との関係で電子決済等代行業者とみなされる結果、電子決済等代行業者としての一定の行為規制に服することとなるほか、他の預貯金取扱金融機関との関係でも同様の業務を行うことが可能となります（金サ法18条２項。詳細はＱ38参照）。

24 「内閣府令で定める方法」は、「預金者の使用に係る電子機器の映像面に当該預金者が同号の銀行に開設している口座に係る資金を移動させる為替取引を行うことについて当該銀行に対する指図を行うための画像を表示させることを目的として、当該為替取引の相手方及び金額に係る情報を当該銀行に対して伝達する方法」と規定されています（銀行法施行規則１条の３の４）。これは、「画面遷移型」といわれる、預金者が銀行に対し、支払先および支払金額という決済のために必要な情報を銀行のインターネットバンキングの画面に引き継ぎ、最終的な振込実行が預金者によって行われる方法が該当します。

25 電子決済等代行業に関する定義では、金サ法上の電子金融サービス仲介業務の定義と異なり、いわゆる「API連携方式」を用いた銀行への接続に限定されておりません。したがって、それ以外の接続方式を用いる業者も電子決済等代行業者に含まれうることとなります。

第3章

金融サービス仲介業者の登録と監督

Q20 金融サービス仲介業の監督当局はどの官庁ですか。

A 基本的には金融庁となりますが、具体的な監督権限の行使は、財務（支）局等と連携をして行われることになります。

解　説

金サ法上の権限は、内閣総理大臣から原則として金融庁長官に委任されていることから（金サ法82条1項）、その意味で金融サービス仲介業の監督当局は金融庁ということになります。

もっとも、金融庁長官は、さらにその権限の一部（具体的には、金融サービス仲介業のうち有価証券等仲介業務に関する監督権限）を証券取引等監視委員会（以下このQにおいて「委員会」といいます）に委任するものとされ（金サ法82条2項および3項）、さらに金融庁長官および委員会は、それらの権限の一部を財務局長または財務支局長に委任することとされておりますので（金サ法82条5項および6項）、具体的な監督当局としての権限行使は、金融庁や財務（支）局等における関連部局が連携をして行うことになります（金サ監督指針Ⅱ－1－3参照）。

実際には、金融サービス仲介業の登録手続や各種届出・報告書の受理など、日常的なものも含めた多くの権限が財務局（福岡財務支局を含みます）に委任されているため（金サ令46条～48条）、金融庁が自ら監督を行う本庁監理金融サービス仲介業者[1]の場合を除き、実務上は、財務局との接点が多くなるものと思われます。

1　金サ監督指針において使用されている用語であり、金サ令46条5項に基づき金融庁長官が指定する金融サービス仲介業者のことを指します。これに対して、財務局による監督の対象となる金融サービス仲介業者（本庁監理金融サービス仲介業者以外の金融サービス仲介業者）は、金サ監督指針上、財務局監理金融サービス仲介業者と呼称されます。

Q21 金融サービス仲介業を始めるために必要な登録申請手続や所要期間について教えてください。

A 金融サービス仲介業の登録を受けようとする者は、登録申請書および添付書類を、その主たる営業所または事務所の所在地を管轄する財務局長または福岡財務支局長（日本国内に営業所または事務所を有しない者の場合には、関東財務局長）に提出する必要があります。当局は、登録申請がなされてから60日以内に処分をするよう努めるものとされていますが、実務的には、登録申請前の事前相談等も必要となるほか、その業務内容の規模や複雑さ、登録手続における登録申請者の対応方法等によっても大きく左右されることになると思われます。

解　説

1　登録申請手続の概要

金融サービス仲介業は、登録を受けた者でなければ行うことができません（金サ法12条）。この登録を受けようとする者（以下「登録申請者」といいます）は、所定の事項を記載した登録申請書[2]および添付書類を、その主たる営業所または事務所の所在地を管轄する財務局長または福岡財務支局長（日本国内に営業所または事務所を有しない者の場合には、関東財務局長）に提出する必要があります（金サ法13条１項・２項、金サ令46条１項柱書・同項２号、金サ府令７条）。

登録申請書の記載事項および添付書類は図表３－１、図表３－２のとおりです。

登録申請者は、以上の書類を提出したうえで、登録拒否事由（Q22参照）に該当しないことなどに関する当局による審査を完了した場合には、登録申

2　登録申請書の様式は、金サ府令別紙様式第１号によります。

図表3－1　登録申請書記載事項（金サ法13条1項、金サ府令8条ないし10条）

	記載事項	備考
1	商号、名称または氏名および住所	
2	（登録申請者が法人の場合のみ） 役員の氏名または名称	登録法人が外国法人の場合は、外国の法令上日本における役員と同様に取り扱われている者および日本における代表者を含む。
3	金融サービス仲介業を行う営業所または事務所の名称および所在地	
4	業務の種別	預金等媒介業務、保険媒介業務、有価証券等仲介業務および貸金業貸付媒介業務の種別をいう。
5	（貸金業貸付媒介業務を行う場合のみ） 貸金業貸付媒介業務に関して広告または勧誘をする際に表示または説明をする営業所または事務所の電話番号その他の連絡先等	ホームページのURLや電子メールアドレスを記載する場合には、電話番号をあわせて記載する必要がある。
6	電子金融サービス仲介業務を行う場合にあっては、その旨	電子金融サービス仲介業務については、Q18参照。
7	ほかに事業を行うときは、その事業の種類	
8	（登録申請者が個人の場合のみ） 登録申請者が他の法人の常務に従事しているときは、当該他の法人の商号または名称、主たる営業所または事務所の所在地および事業の種類	
9	（登録申請者が法人の場合のみ） 登録申請者の役員が他の法人の常務に従事し、または事業を行っているときは、当該役員の氏名または名称ならびに当該他の法人の商号もしくは名称、主たる営業所もしくは事務所の所在地および	

	記載事項	備考
	事業の種類または行っている事業の種類	
10	加入する認定金融サービス仲介業協会の名称	

図表3－2　添付書類の種類（金サ法13条2項、金サ府令11条、12条）

	添付書類	備考
1	一定の登録拒否事由に該当しないことを誓約する書面	
2	（登録申請者が法人の場合のみ） 定款および登記事項証明書	定款の目的に、自らの行う金融サービス仲介業に係る業務が定められていることが必要（金サ監督指針Ⅲ－3－1－3(2))。
3	以下の事項を記載した書面 ・業務の内容および方法 ・（登録申請者が法人の場合）業務分掌の方法	・「業務の内容および方法」には、以下の事項が記載されていることが必要（金サ監督指針Ⅲ－3－1－3(3))。 ①業務区域 ②業務の形態 ③営業所の形態 ④金融サービス仲介業の実施体制（注）
4	各業務の種別ごとに、対応する登録拒否事由に該当しないことを誓約する書面	金サ法15条4号ないし7号に該当しないことの誓約
5	（登録申請者が個人の場合のみ） 登録申請者に関する以下の書類 ・履歴書 ・住民票の抄本またはこれにかわる書面 ・旧氏および名を登録申請書に記載した場合において、住民票の抄本等が旧氏および名を証するものでないときは、当該旧氏および名を証する	住民票の抄本にかわる書面については、金サ監督指針Ⅲ－3－1－3(6)参照。

	添付書類	備考
	書面 ・未成年者である場合にあっては、その法定代理人の住民票の抄本等 ・官公署の発行する、「破産手続開始の決定を受けて復権を得ない者」に該当しない旨の書面	
6	（登録申請者が法人の場合のみ） 登録申請者の役員に関する以下の書類 ・履歴書 ・住民票の抄本またはこれにかわる書面 ・旧氏および名を登録申請書に記載した場合において、住民票の抄本等が旧氏および名を証するものでないときは、当該旧氏および名を証する書面 ・官公署の発行する、「破産手続開始の決定を受けて復権を得ない者」に該当しない旨の書面	住民票の抄本にかわる書面については、金サ監督指針Ⅲ－3－1－3(6)参照。
7	登録申請者が金融サービス仲介業務を適確に遂行するに足りる能力を有することを明らかにする書面	・金融サービス仲介業務を適確に遂行するに足りる知識・経験等を有する者および当該者の配置予定先が記載されていることが必要となる（金サ監督指針Ⅲ－3－1－3(7)）。 ・「金融サービス仲介業務を適確に遂行するに足りる知識・経験等を有する者」については、Q23参照。
8	兼業業務（金融サービス仲介業務および金融サービス仲介業務に付随する業務以外の業務）を行う場合にあっては、その内容を記載した書面	
9	金融サービス仲介業務の運営に関する社内規則等	
10	指定紛争解決機関の名称または商号、または、苦	

	添付書類	備考
	情処理措置および紛争解決措置の内容を記載した書面	
11	（貸金業貸付媒介業務を行う場合のみ） 重要な使用人があるときは、重要な使用人に関する次の書類 ・氏名および生年月日等を記載した、金サ府令別紙様式第２号により作成した書面 ・履歴書および住民票の抄本またはこれにかわる書面 ・旧氏および名を上記別紙様式第２号により作成した書面に記載した場合において、住民票の抄本等が旧氏および名を証するものでないときは、当該旧氏および名を証する書面 ・官公署の発行する、「破産手続開始の決定を受けて復権を得ない者」に該当しない旨の書面	
12	（電子金融サービス仲介業務を行う場合のみ） その行う電子金融サービス仲介業務の内容および当該業務を遂行する体制を記載した書類	・「仲介業務の内容」 金サ府令９条に規定する顧客の注文の内容の金融機関に対する伝達の方法が記載されていることが必要。また、かかる「伝達の方法」については、顧客が金融機関から付与されたID・パスワード等を登録申請者が顧客から預かり、当該ID・パスワードを利用して伝達するものとなっておらず、顧客からの申出に基づき、金融機関が登録申請者に対して当該伝達を行うためのトークンその他の情報

	添付書類	備考
		を付与して行うものとなっていることが必要。 ・「業務を遂行する体制」 電子金融サービス仲介業務を管理する責任者の氏名、役職名および略歴が記載されていることが必要。 （以上につき、金サ監督指針Ⅲ－３－１－３(9)）

（注） 以上のほか、預金等媒介業務については、①取り扱う契約の種類（預金の種類ならびに貸付先の種類および貸付けに係る資金の使途を含みます）、②預金等媒介業務の一部または全部を第三者に委託する場合においては、その旨および預金等媒介業務受託者の名称、③金融サービス仲介業の実施体制を（金サ監督指針Ⅴ－２－２－(1)①）、また、保険媒介業務については、取り扱う保険の種類（金サ監督指針Ⅵ－２－１－１(3)）を、それぞれ記載する必要があります。

請者の登録申請書記載事項、登録年月日および登録番号が金融サービス仲介業者登録簿に登録され公衆縦覧に供されるとともに、登録済通知書が登録申請者に交付されます（金サ法14条）。

なお、実務上は、上記の登録申請書等の提出に先立って、あらかじめ登録申請者の業務内容や社内体制等について確認することを目的とした事前相談が行われることになるものと予想されます。

2 登録手続に要する期間

金融サービス仲介業の登録手続については、当局は、登録申請がなされてから60日以内に処分をするよう努めるものとされております（金サ府令173条１項１号）[3]。もっとも、当該期間には、申請の補正、登録申請者が申請の内容を変更するために要する期間および審査に必要と認められる資料を追加するために要する期間を含まないものとされており（金サ府令173条２項)、また、上記事前相談に要する期間も含まれないものと考えられるため、実際には、当局へ最初にコンタクトしてから登録完了まで、少なくとも数カ月はかかることが予想されます。

実務的には、登録手続に要する期間は、その業務内容の規模や複雑さなどのほか、登録手続における登録申請者の対応方法等によっても大きく左右されることになると思われます。そのため、手続をスムーズに進めるためには、事前相談において、自らが行おうとする業務の内容および当該業務を行うために必要な社内体制が整備されていること等について十分に説明できるように準備しておくことが重要となってくるものと思われます。

3　いわゆる「標準処理期間」が２カ月という趣旨になります。

Q22 金融サービス仲介業の登録拒否事由について教えてください。

A 登録拒否事由とは、金サ法15条各号に定める事由をいい、登録申請者が当該事由に該当すると金融サービス仲介業の登録が拒否されます。登録拒否事由には、「他に行っている事業が公益に反すると認められる者」や「金融サービス仲介業を適確に遂行するに足りる能力を有しない者」などがあり、登録手続における主な審査対象となります。

解　説

1　登録拒否事由の意味

金融サービス仲介業の登録申請がなされた場合、当局は、登録申請者が金サ法15条各号に定める事由（以下「登録拒否事由」といいます）に該当するとき（または登録申請書もしくは添付書類のうちに虚偽の記載があり、もしくは重要な事実の記載が欠けているとき）は、その登録を拒否しなければならず（金サ法15条）、かかる理由により拒否する場合以外は、登録を行わなければならないものとされています（金サ法14条１項）。したがって、当局による登録審査も、登録拒否事由の存否を中心になされることとなります。

2　登録拒否事由の内容

登録拒否事由にはさまざまなものがありますが、具体的には図表３－３のとおりです。

図表３－３　登録拒否事由

	登録拒否事由	備考
1	（登録申請者またはその役員等について）各種関連法令上の許認可の取消しその他の行政処分を受け、刑事罰を受けて刑の執行が終わり、または廃業の届出等を行ってから５年を経過していない者	
2	他に行っている事業が公益に反すると認められる者	たとえば、金融サービス仲介業者の兼業業務が、違法事業である場合のみならず社会的に不当と認められる事業である場合も含み、たとえば、暴力団をはじめとする反社会的勢力と関係する事業や、その事業内容が社会的に批判を受け、または受けるおそれがあるものなどを指すが、その判断は、当該兼業業務の性質および態様、取引の相手方ならびに社会に与える影響などを総合的に勘案して行われる（金サ監督指針Ⅲ－３－１－２⑸）。
3	金融サービス仲介業を適確に遂行するに足りる能力を有しない者	Ｑ23参照。
4	電子金融サービス仲介業務を行う場合にあっては、当該電子金融サービス仲介業務を適正かつ確実に遂行する体制の整備が行われていない者	
5	（認定金融サービス仲介業協会等に加入しない者のみ） 認定金融サービス仲介業協会等の定款その他の規則（金融サービス仲介業務の適正を確保することまたは顧客の保護に関するものに限る）に準ずる内容の社内規則を作成していない者または	①協会未加入業者は、認定金融サービス仲介業協会の定款その他の規則（「協会規則」）に準ずる内容の社内規則を適切に整備しているか。 ②社内規則の適正な遵守を確保するための態勢整備（役職員への周

	登録拒否事由	備考
	当該社内規則を遵守するための体制を整備していない者	知、従業員に対する研修等やその遵守状況の検証など）が図られているか。 ③協会規則に改正等があった場合には、それに応じて直ちに社内規則の見直しを行うこととしているか。 （以上につき、金サ監督指針Ⅲ－2－16(1))
6	精神の機能の障害により金融サービス仲介業に係る業務を適正に行うにあたって必要な認知、判断および意思疎通を適切に行うことができない者	
7	破産手続開始の決定を受けて復権を得ない者または外国の法令上これと同様に取り扱われている者	
8	他に行う業務（兼業業務）が所定の業務に該当する者	Q24参照。

Q23 登録拒否事由のうち「金融サービス仲介業を適確に遂行するに足りる能力を有しない者」は、どのような場合に該当するとされるのか教えてください。

A 金サ監督指針において、「金融サービス仲介業を適確に遂行するに足りる能力を有しない者」の判断に関する留意点について、金融サービス仲介業務の種別ごとに示されています。

解　説

Q22で述べましたとおり、「金融サービス仲介業を適確に遂行するに足りる能力を有しない者」は、金融サービス仲介業の登録に係る登録拒否事由の1つとなります。そして、同事由への該当性については、金融サービス仲介業務の登録審査において特に重点的な確認がなされるものと思われる一方で、事業者としても、能力を有する人材を確保することは必ずしも容易ではないため、登録の際のハードルの1つとなることが予想されます。

当該事由の具体的な内容については法令上は必ずしも明らかではありませんが、金サ監督指針において、当局による当該事由の判断の目線について一定の明確化が図られているため、実務的には、その内容を参考に、各登録申請者における人的構成や社内体制・社内規則等について整備することとなります。もっとも、当然ながら、各登録申請者の行う業務の内容は同一ではなく、それぞれの業務に必要な人的態勢や社内体制も一様ではないことから、必ずしも金サ監督指針上の要請を形式的・機械的に当てはめるだけではなく、まずは、その行う業務との関係で必要と考えられる人員および社内体制について十分な検討を行うことが肝要と考えられます（金サパブコメ回答84頁75番においては、金サ監督指針に記載されている内容を充足していない場合であっても、そのことのみをもって直ちに登録拒否事由があることにはならず、個別事例ごとに実態に即して実質的に判断されるべきである旨の回答がなされています）。

金サ監督指針においては、「金融サービス仲介業を適確に遂行するに足りる能力を有しない者」の判断に関する留意点について、金融サービス仲介業務の種別ごとに示されておりますので、以下ではその概要について説明します。

⑴　預金等媒介業務（金サ監督指針Ⅴ－２－２⑵①、Ⅴ－２－３－１⑴、⑵）

「その行う預金等媒介業務の業務に関する十分な知識を有する者」が、「その行う預金等媒介業務の業務に係る法令等の遵守を確保する業務に係る責任者」（本⑴において「コンプライアンス責任者」といいます）として営業所または事務所ごとに配置され、かつ、「法令等の遵守の確保を統括管理する業務に係る統括責任者」（本⑴において「コンプライアンス統括責任者」といいます）として主たる営業所または事務所に配置されていることが必要となります[4]。

そして、「その行う預金等媒介業務の業務に関する十分な知識」とは、当該業務を健全かつ適切に運営するうえで必要となる知識のことをいい、たとえば、その行う預金等媒介業務の業務の実務に関する知識、金サ法、銀行法、個人情報保護法、犯収法、外国為替及び外国貿易法等の法令に関する知識などが考えられるとされています。また、その者の配置先によって、以下のような知識も必要とされています。

①　コンプライアンス責任者に配置される場合

民法、商法、会社法、刑法等の基本法につき、当該預金等媒介業務の業務に関連する部分についての専門的な知識

②　コンプライアンス統括責任者に配置される場合

民法、商法、会社法、刑法等の基本法につき、当該預金等媒介業務の業務に関連する部分のみならず広く法令等遵守にかかわる事項についての専

4　ただし、登録申請者が個人（二以上の事業所で預金等媒介業務を行う者を除きます）の場合は、当該申請者自身が、その行う預金等媒介業務の業務に関する十分な知識を有している必要があるものとされております。以下、本文では、登録申請者が法人または二以上の事業所で預金等媒介業務を行う個人であることを前提にしています。

門的な知識

さらに、以上に加えて、当該金融サービス仲介業者が、①当座預金の受入れを内容とする契約の締結の媒介、または②金サ法11条２項２号に掲げる行為（資金の貸付けまたは手形の割引を内容とする契約の締結の媒介。ただし、銀行が受け入れたその顧客の預金等または国債を担保とする貸付契約に係るものおよび事業以外の用に供する資金に係る定型的な貸付契約であってその契約の締結に係る審査に関与しないものを除きます）を行う場合には、コンプライアンス責任者またはコンプライアンス統括責任者のうちそれぞれ１名以上は、以下の業務内容の区分に応じて、以下に定める者であることが必要とされています。

① 当座預金の受入れを内容とする契約の締結の媒介

・当座預金業務もしくは資金の貸付け業務に従事したことのある者またはこれと同等以上の能力を有すると認められる者[5]であって、当座預金業務を的確に遂行することができると認められる者

② 金サ法11条２項２号に掲げる行為

資金の貸付け業務に従事したことのある者またはこれと同等以上の能力を有すると認められる者であって、当該業務を的確に遂行することができると認められる者

⑵ 保険媒介業務（金サ監督指針Ⅵ－２－１－２⑴）

保険媒介業務に係る「金融サービス仲介業を適確に遂行するに足りる能力」は、①登録申請者が法人の場合にあっては、保険媒介業務に従事するす

---

5 「資金の貸付け業務に従事したことのある者」とは、たとえば、金融機関や貸金業者等において融資業務に従事したことのある者のことをいうが、単に書類の取次ぎ等のみに従事しただけでは足りず、登録申請者が預金等媒介業務として取り扱う貸付け業務に応じた内容の業務に従事していた必要があるものとされています。また、「資金の貸付け業務に従事したことのある者と同等以上の能力を有すると認められる者」については、たとえば、公認会計士、税理士、財務コンサルタント、投資銀行業務担当者、商工会議所等の経営相談員等などとして企業財務の分析等に従事した経験を有する者はこれに該当すると判断できる場合があり、また、登録申請者が預金等媒介業務として取り扱う貸付け業務に応じた知識および経験について資格・業務経歴に照らして判断されるものとされています（金サ監督指針Ｖ－２－３－１⑵①、②）。

べての役員および使用人[6]が、②登録申請者が個人の場合にあっては、当該個人および保険媒介業務に従事するすべての使用人のそれぞれが、その取り扱う保険種類に応じて、保険媒介業務に関する法令、保険契約に関する知識および保険媒介業務の業務遂行能力等を有しているかについて、それらに関する試験の合否等により、判断するものとされています。

(3) 有価証券等仲介業務（金サ監督指針Ⅶ－２－１(2)）

有価証券等仲介業務における「金融サービス仲介業を適確に遂行するに足りる能力を有しない者」に当たるか否かの審査にあたっては、以下の点を確認するものとされています。

① 金融サービス仲介業務を行う者（金融サービス仲介業務を行う役員、内部管理等の責任者等）が、その行う業務に関する外務員資格試験に合格した者であり、法令、諸規則等につき一定以上の知識を有しているか。

② 登録申請者が法人または金融サービス仲介業務を行う使用人のある個人である場合、その行う業務の内容および規模に応じて、行おうとする業務の適確な遂行に必要な人員が配置され、内部管理等の責任者が適正に配置される組織体制、人員構成となっているか。

③ 登録申請者が法人または金融サービス仲介業務を行う使用人のある個人である場合、その行う業務の内容および規模に応じて、次に掲げる体制整備が図られているか（下記ａおよびｂについては、第一種金融商品取引業もしくは投資運用業を行う金融商品取引業者または登録金融機関（当該金融サービス仲介業者が有価証券等仲介業務の委託を受けている者に限る）に帳票作成事務等を依頼し、有価証券等仲介業者が管理することも可能）。

ａ 帳簿書類・報告書等の作成、管理

ｂ 顧客管理

ｃ 電算システム管理

---

6 「保険媒介業務に従事する全ての役員および使用人」の範囲については、人事・経理・総務といったバックオフィス業務に従事する者は含まれないものと考えられます（金サパブコメ回答99頁127番参照）。

d　苦情・トラブル処理

e　内部監査

(4)　貸金業貸付媒介業務（金サ監督指針Ⅷ－３－１－２(2)②）

貸金業貸付媒介業務における「金融サービス仲介業を適確に遂行するに足りる能力を有しない者」に当たるか否かの審査にあたっては、以下の点に留意するものとされています。

① 登録申請者の社内規則等は認定金融サービス仲介業協会の自主規制規則と同等の社内規則等となっているか。

② 社内規則等ならびに金サ監督指針に掲げる主な留意事項について、当該金融サービス仲介業者の規模・特性等からみて、適切に対応するための態勢が整備されているか。特に、組織態勢の確認にあたっては、法令等遵守のための態勢を含め、相互牽制機能が有効に機能する内部管理部門の態勢（業容に応じて、内部監査態勢）が整備されているか。

③ 営業所等に個人情報の保管のための適切な設備、資金需要者等からの苦情対応および帳簿の閲覧のための場所等が確保されるなど、当該金融サービス仲介業者の規模･特性等に応じて、金融サービス仲介業の健全かつ適切な業務運営を行うための必要かつ十分な設備が整っているか。

④ 申請者が法人（人格のない社団または財団を含む）の場合、法人の定款または寄付行為等に法人の目的として金融サービス仲介業（貸金業貸付媒介業務に係るものに限る）を行うことが含まれているか。

⑤ 常務[7]に従事する役員のうちに貸付けの業務に３年以上従事した経験を有する者またはこれと同等以上の能力を有すると認められる者[8]があるか（登録申請者が個人である場合にあっては、登録申請者が貸付けの業務に３年以上従事した経験を有する者またはこれと同等以上の能力を有すると認められる

---

7 「常務に従事」しているかどうかは、金融サービス仲介業者の通常の業務執行の内容および態様を基本的に把握できるだけの実態が認められるか否かで判断されます。必ずしも「常勤」までは求められませんが、たとえば取締役会の開催日だけ出勤している程度では常務に従事しているということはできないものとされています（金サ監督指針Ⅷ－３－１－２(2)②（注１））。

者であるか）。また、貸金業貸付媒介業務を行う営業所等ごとに貸付けの業務に１年以上従事した者またはこれと同等以上の能力を有すると認められる者が常勤[9]の役員または使用人として１人以上在籍しているか。

8 「これと同等以上の能力を有すると認められる者」の意義については、預金等媒介業務の場合（金サ監督指針Ｖ－２－３－１⑵②。脚注５参照）に準じて判断されるものとされていますが（金サパブコメ回答106頁146番）、貸付けの営業、審査、管理・回収等の業務遂行の影響が資金需要者等に通常及ぶ業務の経験を有していることが必要であり、貸金業務取扱主任者の資格をもつ者であることのみをもって直ちに該当するとはいえないとされています（金サパブコメ回答106頁148番）。

9 「常勤」については、金融サービス仲介業者の営業時間内にその営業所等に常時駐在することまでは求められないものの、当該金融サービス仲介業者の営業の実態および社会通念に照らし、相応の勤務実態が必要であるものとされています（金サ監督指針Ⅷ－３－１－２⑵②（注２））。

Q24 金融サービス仲介業者には兼業規制や兼業する業務内容に応じた業務範囲の制約はありますか。

A 金融サービス仲介業者の業務範囲については、基本的には広く兼業が認められている一方で、業務の種別ごとに、兼業業務に関連した一定の登録拒否事由が定められており、問題があると考えられる一定の兼業業務が金融サービス仲介業者により営まれないための措置がとられています。

解　説

1　WG報告における考え方

WG報告24頁では、金融サービス仲介業の兼業規制について、以下のような考え方が述べられています。

①　既存の仲介業者との関係

「仮に、銀行・証券・保険の各分野において、ある仲介業者が既存の仲介業と新たな仲介業の両方の許可・登録を受け、両方の立場で仲介行為を行いうることとした場合、仲介業者がいずれの立場でいかなる規制に基づいて仲介行為を行っているのか顧客に混同をもたらすおそれがあると考えられる。

したがって、銀行・証券・保険の各分野において、仲介業者が複数の立場に立つことがないよう、既存の仲介業の許可・登録を受けている者については、当該分野において新たな仲介業としての仲介を認めないことが適当である。他方で、既存の仲介業と新たな仲介業を兼業した場合であっても、それぞれの立場で異なる分野における仲介を行う場合には、各分野における仲介業者の立場に重複が生じないため、兼業を認めることに問題はないと考えられる。」

②　金融サービス仲介業者の業務範囲

「既存の仲介業者は、公益に反する事業や仲介業務に支障を及ぼすおそれがあるものを除き、他の業務を行うことが認められており、新たな仲介業者についても、同様に広く兼業を認めることが適当である。」

③　金融機関（銀行・証券会社・保険会社等）との関係

「金融機関（銀行・証券会社・保険会社等）が新たな仲介業を兼業することまたは子会社とすることについては、金融機関が既存の仲介業を兼業することまたは子会社とすることの可否にならって整理することが適当である。」

金サ法および関連法令においても、このWG報告における考え方に沿って制度設計がされており、以下では、その具体的内容について説明します。

2　金サ法上の整理

⑴　既存の仲介業との関係

WG報告の考え方のとおり、既存の仲介業を行う者は、同じ種別の業務に係る金融サービス仲介業を兼業することはできないこととされております。具体的には、既存の仲介業を行う者は対応する金融サービス仲介業の主体から除外され、当該種別に係る金融サービス仲介業の登録を受けて業務を行うことはできないこととなっております。

すなわち、預金等媒介業務の定義からは「銀行代理業者その他の政令で定める者」[10]の行う業務が除かれるとともに（金サ法11条２項柱書）、預金等媒介業務のうち資金の貸付けまたは手形の割引に係る契約の締結の媒介については、貸金業者が顧客のために行うものが除かれています（金サ法11条２項２号）。

また、同様に、保険媒介業務の主体からは、特定保険募集人、保険仲立人、損害保険会社、損害保険代理店および特定少額短期保険募集人等が除かれ（金サ法11条３項柱書）、有価証券等仲介業務の主体からは、第一種金融商

10　銀行以外の他の預貯金取扱金融機関との関係で銀行代理業に類似する業務を行う者を中心に列挙されています（金サ令16条）。

品取引業を行う金融商品取引業者および金融商品仲介業者等が除かれています（金サ法11条４項柱書）。さらに、貸金業貸付媒介業務の主体からは貸金業者が除外されています（金サ法11条５項）。

なお、仮に既存の仲介業を行う者が対応する種別の業務に係る金融サービス仲介業の登録を受けた場合（たとえば、銀行代理業者が預金等媒介業務に係る金融サービス仲介業の登録を受けた場合）、当該既存の仲介業に係る登録等（前記の例では、銀行代理業の許可）は失効することとされております（銀行法52条の52第６号、52条の57第１号、保険業法280条１項７号・３項、290条１項７号・３項、金商法50条の２第１項８号・11項・12項、69条の19第１項６号・２項、貸金業法10条１項６号・２項）。さらに、これの裏返しとして、金融サービス仲介業者が、自己の行う種別の業務に対応する既存の仲介業の登録等を受けたときは、金融サービス仲介業の登録が失効しまたは当該業務を行わない旨の変更登録を受けたものとみなされることとされています（金サ法16条３項８号・４項・６項）。

(2) 金融サービス仲介業者の業務範囲（登録拒否事由）

金融サービス仲介業者の業務範囲については、WG報告のとおり、基本的には広く兼業が認められている一方で、既存の仲介業と同様に、公益に反する事業や仲介業務に支障を及ぼすおそれがあるものなどの一定の事業を行うことが制限されています。具体的には、金融サービス仲介業に係る業務の種別ごとに、兼業業務に関連した一定の登録拒否事由が定められており、問題があると考えられる一定の兼業業務が金融サービス仲介業者により営まれないための措置がとられています。概要は図表３－４のとおりです。

(3) 金融機関（銀行・証券会社・保険会社等）

銀行・証券会社・保険会社等の金融機関およびそれらの子会社の業務範囲規制と金融サービス仲介業との関係についても、WG報告の考え方のとおり、金融機関と既存の仲介業者との関係にならい、一定の規制の緩和が図られています。詳細についてはQ47～Q49をご参照ください。

図表３－４　兼業業務の制限

業務の種別	兼業に関連した主な登録拒否事由の概要
預金等媒介業務（注1） （金サ法15条４号、金サ府令16条）	・一般事業会社の場合 ①　預金等媒介業務の内容が、事業用資金の貸付けまたは手形の割引を内容とする契約（ただし、①預金等または国債を担保として行うもの、および②規格化された貸付商品（注2）のうち貸付けの金額が1,000万円以下であるもので、その審査に関与しないもの（注3）を除く）の締結の媒介である場合、その他の相手方金融機関と金融サービス仲介業者の利益が相反する取引が行われる可能性があると認められる場合（注4）（ただし、保険会社等を除く） ②　兼業業務による取引上の優越的地位を不当に利用して、預金等媒介業務に係る顧客の保護に欠ける行為が行われるおそれがあると認められる場合（注5） ③　その他預金等媒介業務の内容に照らして兼業業務を行うことが顧客の保護に欠け、または相手方金融機関の業務の健全かつ適切な遂行に支障を及ぼす行為が行われるおそれがあると認められる場合 ・貸付けその他信用の供与を行う業務を主たる兼業業務とする者の場合 ①　預金等媒介業務の内容が、貸付けまたは手形の割引を内容とする契約の締結の媒介である場合。ただし、以下の契約に係るものである場合を除く。 (a)　事業用資金の提供に係るものの場合 預金等または国債を担保として行うもの (b)　消費者向け資金の提供に係るものの場合 ・預金等または国債を担保として行うもの ・規格化された貸付商品で、かつ、貸付資金で購入する物品または物件を担保として行う貸付契約（注6）のうち、その与信審査に関与しないもの ②　上記一般事業会社の場合の②または③の場合
保険媒介業務 （金サ法15条５号）	登録申請者が以下に該当する場合 ①　保険会社、外国保険会社等もしくは少額短期保険業

業務の種別	兼業に関連した主な登録拒否事由の概要
	者またはこれらの役員もしくは使用人 ② 保険募集人（保険会社等の委託または再委託を受けて、その保険会社等のために保険契約の締結の代理または媒介を行う者を除く）または保険仲立人の役員もしくは使用人 ③ 保険契約の締結の媒介を行う使用人のうちに、保険募集人（保険会社等の委託または再委託を受けて、その保険会社等のために保険契約の締結の代理または媒介を行う者に限る）または保険仲立人に該当する者がある場合 ④ 法人である場合にあっては、役員のうちに上記①から③のいずれかに該当する者のある場合 ⑤ 個人である場合にあっては、金融サービス仲介業に関し成年者と同一の行為能力を有しない未成年者でその法定代理人が上記①から③のいずれかに該当する場合
有価証券等媒介業務（金サ法15条4号、金サ令22条）	・銀行、保険会社その他の一定の金融機関である場合 ・第一種金融商品取引業者または登録金融機関の役員・使用人である場合

（注1） 兼業業務と預金等媒介業務の関係については、銀行代理業にならい、金サ監督指針（別紙2）に概念図が示されています。

（注2）「規格化された貸付商品」とは、資金需要者に関する財務情報の機械的処理のみにより、貸付けの可否および貸付条件が設定されることがあらかじめ決められている貸付商品をいうものとされ（金サ府令16条1号イ）、ここでいう「財務情報」とは、財務諸表の各勘定科目など、資金需要者の財務に関連するデータで、融資担当者の裁量の働く余地のないものを指すものとされています（金サ監督指針Ⅴ－2－3－2(1)）。なお、上記「機械的処理」には人工知能（AI）による融資判断も含まれ、また、反社会的勢力の排除や公序良俗違反の事業を営む者への融資回避等の観点で、定性情報を利用した人の手によるネガティブチェックを行ったとしても、これにより「規格化された貸付商品」に該当しないものではないものとされています（金サパブコメ回答85頁77～78番）。

（注3）「審査に関与」しているか否かの判断に関し、金融サービス仲介業を行うにあたり必要な顧客の情報を金融サービス仲介業者が相手方金融機関に対して提供する行為や、相手方金融機関が審査を行うためのシステムを構築して提供する行為は、それのみでは審査に関与するものではないと考えられます（金サパブコメ回答22頁66番）。

（注4） 相手方金融機関と金融サービス仲介業者の利益が相反する取引が行われる可能性

があると認められるかどうかは、個別事例ごとに実態に即して実質的に判断されますが、金融サービス仲介業者が顧客からのみ委託を受けることをもって利益が相反する取引が行われる可能性がないと判断できるものではないとされています（金サパブコメ回答22頁67～68番）。

（注５）「兼業業務による取引上の優越的地位を不当に利用」する行為の具体例については、金サ監督指針Ｖ－２－３－２⑷参照。

（注６） たとえば、住宅ローン（貸付資金で購入する住宅に抵当権を設定）や自動車ローン（貸付資金で購入する自動車に譲渡担保権を設定、または所有権を留保する等）などが含まれます（金サ監督指針Ｖ－２－３－２⑵）。

Q25 金融サービス仲介業者の親会社や株主に対する規制はありますか。また、金融サービス仲介業者が子会社を保有したり、他の会社に出資をしたりすることについて、制約はありますか。

A 金融サービス仲介業者の親会社や株主に対する規制はありません。また、金融サービス仲介業者が子会社を保有したり、他の会社に出資をしたりすることについての規制もありません。

解　説

たとえば、銀行・保険会社・証券会社等は、その親会社や株主に対して（銀行持株会社や保険持株会社、または主要株主として）各種の規制が存在しますが、金融サービス仲介業者の親会社や株主に対しては、特にそのような規制はありません。

また、同様に、銀行や保険会社については、その子会社としうる者の業務の範囲が限定されている、または、一定の割合以上の出資を行うことが制限されている等の規制がありますが、金融サービス仲介業者に対しては、そのような規制も存在しません。

したがって、設問のような規制・制約は特に存しないということができます。

Q26 金融サービス仲介業者は、どのような場合に監督当局への変更登録や届出が必要となりますか。

A 登録申請書に記載した事項のうち、①業務の種別、または、②電子金融サービス仲介業務の実施の有無について変更をしようとするときは、変更登録を受ける必要があります。届出事由は、おおむね、①登録申請書またはその添付書類記載事項に変更が生じた場合、②実施している金融サービス仲介業務の全部または一部を終了する場合、③一定の事故等が発生した場合に大別できます。

解　説

金融サービス仲介業者は、登録後に一定の事由が発生した場合、その内容に応じて、当局から変更登録を受ける、または、当局へ届出を行うことが必要となる場合があります。

変更登録は、新たな種別の業務を開始する場合など、あらためて当局として審査が必要と考えられる一定の事由が発生した場合に必要となるものであり、事前の変更登録を受ける必要があります。これに対して、届出は、当局として把握しておく必要があると考えられる一定の事由が発生した場合等に、事後的に遅滞なく行われるものになります。

以下では、変更登録または届出が必要となる事由、および、それらに関する若干の留意点について説明します。

(1) 変更登録

金融サービス仲介業者が登録申請を行う際に登録申請書に記載した事項のうち、①業務の種別（預金等媒介業務、保険媒介業務、有価証券等仲介業務および貸金業貸付媒介業務の種別）、または、②電子金融サービス仲介業務の実施の有無について変更をしようとするときは、変更登録を受ける必要があります（金サ法16条1項）。

変更登録の申請は、登録申請の際と同じように、変更登録申請書と一定の添付書類を提出することにより行い（金サ府令18条1項・2項)、変更の対象となる業務について登録拒否事由の存否に係る審査が行われ（金サ法16条2項により準用される同法15条)、当該登録拒否事由が存在しないこと等が確認された場合は変更登録がなされることとなります。

⑵ 届　　出

届出事由は、おおむね、①登録申請書またはその添付書類記載事項に変更が生じた場合（変更登録事由を除きます)、②実施している金融サービス仲介業務の全部または一部を終了する場合、③一定の事故等が発生した場合に大別できます。具体的な届出事由は以下のとおりです（金サ法16条3項、金サ府令19条3項)[11]。

① 登録申請書またはその添付書類記載事項に変更が生じた場合
- 登録申請書記載事項に変更があった場合（変更登録事由を除く）
- 金融サービス仲介業務の内容および方法を記載した書類（金サ法13条2項3号参照）に変更があった場合
- 定款を変更した場合
- (貸金業貸付媒介業務を行う場合）重要な使用人に変更があった場合

② 実施している金融サービス仲介業務の全部または一部を終了する場合
- 金融サービス仲介業を廃止し、分割により金融サービス仲介業に係る事業の全部の承継をさせ、または金融サービス仲介業に係る事業の全部の譲渡をした場合
- 金融サービス仲介業者である個人が死亡した場合
- 金融サービス仲介業者である法人が合併により消滅した場合
- 金融サービス仲介業者である法人について破産手続開始の決定があった場合

11　なお、本文記載の事項のほかに、保険媒介業務を行う金融サービス仲介業者は、その役員または使用人に保険契約の締結の媒介を行わせようとするとき（または、届出に係る役員もしくは使用人が保険契約の締結の媒介を行わないこととなったとき、もしくはこれらの者が死亡したとき）は、その者の氏名および生年月日を届け出ることとされています（金サ法74条)。

・金融サービス仲介業者である法人が合併および破産手続開始の決定以外の理由により解散した場合

・行っている種別の金融サービス仲介業務に対応する既存の仲介業を行う者となった場合

③　一定の事故等が発生した場合

・金融サービス仲介業者の役員または使用人が、法令違反等の一定の問題行為（事故等）[12]を行ったことを知った場合

・事故等の詳細が判明した場合

上記の届出事由が発生した場合、金融サービス仲介業者は、各届出事由に対応する一定の事項を記載した届出書および添付書類を提出する方法により届出を行う必要があります（金サ府令19条1項・2項）。

なお、上記②に掲げる事由のいずれかに該当することとなった場合[13]には、金融サービス仲介業の登録は自動的に失効します（金サ法16条6項）。

12　法令違反以外の行為としては、たとえば、金融サービス仲介業務以外の兼業業務において発生した個人情報漏えいやシステムトラブル等で、金融サービス仲介業の継続に影響を及ぼすおそれがあるものなどが想定されます（金サパブコメ回答23頁70番）。

13　金サ法16条3項8号に掲げる事由（行っている種別の金融サービス仲介業務に対応する既存の仲介業を行う者となった場合）については、一の種別の業務のみを行う金融サービス仲介業者の場合で、当該業務について当該事由が発生したとき（つまり、実施しているすべての金融サービス仲介業務を行うことができなくなった場合）に限ります。他方で、複数の種別の金融サービス仲介業務を行っている場合で、そのうちの一部の種別の業務についてのみ当該事由が生じた場合は、当該業務を行わない旨の変更登録を受けたものとみなされることとされています（金サ法16条4項）。

Q27 金融サービス仲介業者は、監督当局からどのように検査・監督を受けますか。

A 監督当局による検査・監督は、通常は「実態把握や対話等を通じた継続的なモニタリング」を通じて行われ、これによりなんらかの問題が疑われまたはさらなる検証が必要と判断された場合、金サ法36条に基づく立入検査（オンサイト・モニタリング）が行われます。そして、重大な問題が確認された場合には、業務改善命令（金サ法37条）、業務停止命令（金サ法38条１項）、登録取消し（金サ法38条１項）等の措置がとられる可能性があります。

解　説

1　監督当局による検査・監督の基本的な考え方

金融サービス仲介業者に対する検査・監督に係る基本的考え方については、金サ監督指針Ⅱ－１において、「金融サービス仲介業者の監督の目的を達成するためには、……、金融サービス仲介業者に対し、個々の金融サービス仲介業者の規模や特性に応じた対応を継続的に行っていくことが必要である。このため、……、まずは、各金融サービス仲介業者がどの様にして……課題に取り組もうとしているかの方針を理解し、その上で、当該方針がどの様なガバナンス体制で実施され、如何なる潜在的なリスクや課題を内包し、各金融サービス仲介業者がこれらのリスク等をどの様に認識し対応しようとしているか、的確に把握することが不可欠である」とされ、個々の金融サービス仲介業者の実態把握を重視する一方で、「各金融サービス仲介業者が、当局から指摘されることなく自らベストプラクティスに向けて改善するよう、金融サービス仲介業者自身で経営体制を変革していく必要がある」としつつ、それを実現する具体的な方策として、「金融庁としては、実態把握や対話等を通じた継続的なモニタリングの過程で、より良い実務を追求する各金融サービス仲介業者の取組みを促していく」ものとされています。このように、監督当局としては、基本的には、個々の事業者の実態把握・対話等のモニタリングにより、金融サービス仲介業者による自助努力を促していくということが基本的な監督の方針と考えられます。

もっとも、「上記の過程で、金融サービス仲介業の健全かつ適切な運営の確保又は顧客保護上の観点から重大な問題が認められる場合や金融サービス仲介業者の自主的な取組みでは業務改善が図られないことが認められる場合は、……業務改善命令等の行政処分の発動等を検討することとする」とし、万が一問題が発見され、自主的な改善が困難な場合には、行政処分等の法令に基づく対応がなされることが示されております。

2　監督当局による具体的な検査・監督の手法

上記のとおり、監督当局による検査・監督は、通常は「実態把握や対話等を通じた継続的なモニタリング」を通じて行われるものの、問題発見時等の有事には行政処分の発動等も検討されるという二段構えになっており、以下では、それぞれの具体的方法について、その概要を説明します。

(1)　通常時の検査・監督（モニタリング）手法

金融サービス仲介業者の監督事務の基本は、「実態把握や対話等を通じたモニタリング、監督上の措置、フィードバック、情報発信といった各手法を、各金融サービス仲介業者の状況や抱えている問題の性質・重大性等に応じ適切に組み合わせることを通じて、各金融サービス仲介業者に必要な改善を促していく」とともに、「金融サービス仲介業者との対話の中で、リスク管理等に関するベストプラクティスの追求や、変化に柔軟に対応できる経営・ガバナンス態勢の整備等の課題の解決に向けた取組みを促していく」とされており、各種の方法を通じて事業者の自助努力を促すこととされています（金サ監督指針Ⅱ－１－１）。

そして、その具体的方法としては、特に、オフサイト・モニタリングや対話等の手法があげられています（金サ監督指針Ⅱ－１－２）。

オフサイト・モニタリングは、①経営実態に関するヒアリング、②法令等遵守等に関するヒアリング、③トップヒアリング、④随時のヒアリング等の各種方法により、早期の問題点の把握や自主的な改善の促進等を目的として行われることが想定されています。

また、通常時の当局との対話は、「金融サービス仲介業者自身に「気付き」を得てもらうことを目的に、金融サービス仲介業者との間で、ビジネスモデルやリスク管理、人材育成等について深度ある対話を行っていく（この過程でベストプラクティス等の他の参考事例を必要に応じて共有する）」ものとされています。

(2) 有事の検査・監督手法

上記のようなモニタリング等によりなんらかの問題が疑われまたはさらなる検証が必要と判断された場合、当局は、より詳細な実態確認・検査を行うこととなり、具体的には、オフサイト・モニタリングのほか、金サ法36条に基づく立入検査（オンサイト・モニタリング）が行われることが考えられます（立入検査の具体的な手順は、金サ監督指針別紙１参照）。

そして、そのようなオンサイト・モニタリングやオフサイト・モニタリングを通じて重大な問題が確認された場合には、場合によっては、業務改善命令（金サ法37条）、業務停止命令（金サ法38条１項）、登録取消し（金サ法38条１項）等の措置がとられる可能性があります。金サ監督指針Ⅱ－５－１－１においては、このような行政処分の発動に関する基本的な事務の流れが例示されていますので、以下に紹介します。

① 報告徴求命令（金サ法35条）

金融サービス仲介業者のリスク管理態勢、法令等遵守態勢、経営管理（ガバナンス）態勢等に問題があると認められる場合、金サ法35条１項に基づき、事実認識、発生原因分析、改善・対応策その他必要と認められる事項について、報告が求められる。報告を検証した結果、さらに精査する必要があると認められる場合においては、追加報告が求められる。

② 改善・対応策のフォローアップ

上記報告を検証した結果、業務の健全性・適切性の観点から重大な問題が発生しておらず、かつ、金融サービス仲介業者の自主的な改善への取組みを求めることが可能な場合は、任意のヒアリング等を通じて、改善・対応策のフォローアップが行われる。また、必要があれば、金サ法35条１項に基づき、定期的なフォローアップ報告が求められる。

③　業務改善命令（金サ法37条）

上記①の報告（追加報告を含む）を検証した結果、たとえば、業務の健全性・適切性の観点から重大な問題が認められる場合または金融サービス仲介業者の自主的な取組みでは業務改善が図られないと認められる場合などにおいては、金サ法37条に基づき、業務改善計画の提出とその実行を命じることが検討される。

④　業務停止命令（金サ法38条１項）

業務の改善に一定期間を要し、その間、当該業務改善に専念させる必要があると認められる場合、金サ法38条１項に基づき、改善期間を勘案した一定の期限を付して、全部または一部の業務の停止を命じることが検討される。

⑤　登録の取消し等（金サ法38条）

上記①の報告（追加報告を含む）を検証した結果、重大な法令等の違反または公益を害する行為が多数認められる等により、今後の業務の継続が不適当と認められる場合においては、金サ法38条に基づく登録の取消し等が検討される。

なお、上記③～⑤の各処分を検討する際には、以下のような要素を勘案するものとされています。

①　当該行為の重大性・悪質性

公益侵害の程度、利用者被害の程度、行為自体の悪質性、当該行為が行われた期間や反復性、故意性の有無、組織性の有無、隠蔽の有無、反社会的勢力との関与の有無。

②　当該行為の背景となった経営管理態勢および業務運営態勢の適切性

・代表取締役や取締役会の法令等遵守に関する認識や取組みは十分か。
・内部監査部門の体制は十分か、また適切に機能しているか。
・法令等遵守担当部門やリスク管理部門の体制は十分か、また適切に機能しているか。
・業務担当者の法令等遵守に関する認識は十分か、また、社内教育が十分になされているか。

③ 軽減事由

以上のほかに、行政による対応に先行して、金融サービス仲介業者自身が自主的に利用者保護のために所要の対応に取り組んでいる、といった軽減事由があるか。

第 4 章

金融サービス仲介業者の行為規制等

Q28 金融サービス仲介業者に対する共通の行為規制にはどのようなものがありますか。

A 金融サービス仲介料に一般的に適用される行為規制①標識の掲示義務、②名板貸しの禁止、③保証金の供託義務、④誠実・公正に業務を遂行する義務、⑤顧客に対して一定の情報を提供する義務、⑥業務運営において一定の措置を講じる義務、⑦金銭等の預託の受入れの禁止が存在します。

解　説

金サ法上の行為規制

金サ法上、金融サービス仲介業に一般的に適用される行為規制に関し、以下のような規定が設けられています。

⑴　**標識の掲示等**

金融サービス仲介業者は、金融サービス仲介業を行う営業所または事務所ごとに、公衆のみえやすい場所に、以下の事項を含む標識を掲示しなければならないものとされています（金サ法20条1項、金サ府令25条1項、別紙様式第4号）。

・商号
・名称または氏名
・行う業務の種別
・登録番号
・加入している認定金融サービス仲介業協会の名称（認定金融サービス仲介業協会に加入していない場合にあっては、その旨）

電子金融サービス仲介業務を行う場合、インターネットを利用する方法により、上記の各事項につき公表することが必要です（金サ法20条2項、金サ府令25条2項・3項）。

⑵　名板貸しの禁止

金融サービス仲介業者は、自己の名義をもって、他人に金融サービス仲介業を行わせてはならないとされています（金サ法21条）。

⑶　保証金供託・金融サービス仲介業者賠償責任保険契約

金融サービス仲介業者は、顧客等の保護のため、保証金を供託することを義務づけられています（金サ法22条1項・2項・4項～12項、金サ府令26条、27条、29条）。

ただし、金融機関との間で一定の要件を充足する保証契約を締結した場合、保証金の全部または一部につき供託義務を免れることができ（金サ法22条3項、金サ府令27条、金サ監督指針Ⅳ－1参照）、さらに、一定の充足する金融サービス仲介業者賠償責任保険契約を締結した場合、当該契約の保険金の額に応じて供託義務を免れることが認められています（金サ法23条、金サ府令29条、金サ監督指針Ⅳ－2参照。詳細はQ29参照）。

⑷　誠実・公正義務

金融サービス仲介業者ならびにその役員および使用人は、顧客に対して誠実かつ公正にその業務を遂行しなければならないとされています（金サ法24条。金サ監督指針Ⅲ－2－5参照）。

⑸　情報の提供

金融サービス仲介業者は、金融サービス仲介業務を行うときは、あらかじめ、顧客に対し、自身および相手方金融機関に関する情報や自身の提供するサービスに関する一定の説明など、一定の事項を明らかにしなければならないとされています（金サ法25条1項、金サ府令33条。金サ監督指針Ⅲ－2－7参照。詳細はQ30参照）。

さらに、顧客から求められたときは、金融サービス仲介業務に関して当該金融サービス仲介業者が受ける手数料、報酬その他の対価やその他一定の事項を明らかにしなければならないとされています（金サ法25条2項、金サ府令34条。詳細はQ30参照）。

⑹　業務運営に関する措置

金サ法において、金融サービス仲介業者は、金融サービス仲介業務に関し、以下の措置を講じなければならないとされています（金サ法26条）。

・社内規則の整備等、業務が運営されるための十分な体制の整備（金サ府令35条）
・個人顧客情報の安全管理措置（同36条）
・返済能力情報の取扱い（同37条）
・特別の非公開情報の取扱い（同38条）
・電子計算機を利用する場合の相手方金融機関との誤認防止（同39条）
・委託業務の適確な遂行を確保するための措置（同40条）

さらに、金サ監督指針においても、上記に関連して、法令等遵守（コンプライアンス）態勢（金サ監督指針Ⅲ－２－１－１）や顧客等に関する情報管理態勢（金サ監督指針Ⅲ－２－２）の整備等、金融サービス仲介業者に対する監督上の留意点が規定されています。

⑺　金銭等の預託の禁止

金サ法上、金融サービス仲介業者は、いかなる名目によるかを問わず、その行う金融サービス仲介業に関して、顧客から金銭その他の財産の預託を受け、またはその密接関係者に顧客の金銭その他の財産を預託させることは、原則として禁止されています（金サ法27条。詳細はＱ32参照）。

⑻　そ の 他

金サ法は、上記の一般的な行為規制のほか、以下のような行為規制を設けています。

ａ　帳簿書類･事業報告書等の作成・保存義務等に係る規定（詳細はＱ42・43参照）

・業務に関する帳簿書類の作成･保存義務（金サ法33条）
・事業年度ごとの事業報告書の作成･提出義務（金サ法34条１項）
・事業報告書の内容の公表義務（同条２項）

ｂ　苦情の処理および紛争の解決に係る規定

・指定紛争解決機関との契約締結義務等（金サ法28条）

Q29　金融サービス仲介業者の保証金供託義務および金融サービス仲介業者賠償責任保険契約について教えてください。

A　保証金の金額は、最初の事業年度は1,000万円、それ以降は1,000万円に前事業年度の年間受領手数料の５％を加えた金額とされています。また、保証金の全部または一部につき、政令で定められる要件を充足する金融サービス仲介業者賠償責任保険契約を締結し、当局の承認を受けたときは、供託義務を免れることが認められています。

解　説

1　保証金供託義務について

金サ法において、金融サービス仲介業者は、「金融サービス仲介業務の状況及び顧客等（顧客、顧客以外の保険契約者、貸金業貸付媒介業務に基づく資金の貸付け又は手形の割引を内容とする契約に関する保証人）の保護を考慮して、政令で定める額」の保証金を供託することを義務づけられています（金サ法22条）。

保証金の金額は、最初の事業年度は1,000万円（金サ令26条１号）、それ以降は1,000万円に前事業年度の年間受領手数料（金融サービス仲介業務に関して受領した手数料、報酬その他の対価を合計した金額）[1]の５％を加えた金額（同条２号）とされています[2、3]。

また、保証金につき、顧客等が、金融サービス仲介業者が行った行為に関して生じた債権に関し、他の債権者に先立ち弁済を受ける権利を有する旨、規定しています（金サ法22条６項・７項、金サ令28条、金サ保証金規則）。

2　金融サービス仲介業者賠償責任保険契約について

金融サービス仲介業者は、保証金の全部または一部につき、政令で定められる要件を充足する金融サービス仲介業者賠償責任保険契約を締結し、当局の承認を受けたときは、供託義務を免れることが認められています（金サ法23条１項・３項）。

この点に関する具体的な要件としては、①損害保険会社等との間で契約を締結すること、②金融サービス仲介業者に金融サービス仲介業務に関して生じた損害の賠償の責任が発生した場合において、当該損害のうち一定の事由によるものを当該金融サービス仲介業者が賠償することにより生ずる損失が塡補されるものであること、③一定の事由による損失の額が一定の金額を超える場合に限りその超える部分の額につき損失が塡補されるものである場合には、当該一定の金額が、必要な保証金の金額の100分の１以下であること、④当該金融サービス仲介業者の業務開始の日または改定日から１年以上の期間にわたって有効な契約であること、⑤金融庁長官の承認を受けた場合

1　保証金の額の算定に使用する受領手数料としてどのような手数料等を含めるべきかについては、「個別事例ごとに実態に即して実質的に判断されるべき」とされています（金サパブコメ回答24～27頁74～80番）。ただし、「手数料等の名目の変更等により保証金の額を不当に低く」することは許容されない可能性があります。この点、金サパブコメ回答において指摘される事項としては、①「兼業業務における手数料等と不可分である場合は、合理的な計算方法により算出」する必要があり、②広告料収入については、「広告の掲載が金融機関からの情報を転載するにとどまるなど、金融サービス仲介業には該当しないものと認められる場合」には、受領手数料に含める必要はないものの、「具体的な商品の推奨・説明を伴うなど、金融サービス仲介業に該当するものと認められる場合には、相手方金融機関から得た対価を受領手数料に含める」必要があり、さらに、③「金融サービス仲介業務の顧客に対して、金融機関からの委託により取引時確認等を行ったことにより受領した手数料等は、基本的には金融サービス仲介業務に関して受領したものと判断」されるといったものがあげられます。

2　金サパブコメ回答24～26頁74～77番において、金融サービス仲介業者の保証金の金額については、①金融サービス仲介業者については仲介に係る損害賠償責任を相手方金融機関が負う仕組み（いわゆる所属制）が採用されていないこと、②顧客保護等の観点から既存の仲介事業者に求められる保証金等の水準、③金融サービス仲介業の対象となる商品・サービスの範囲が限定されていること、④金融サービス仲介業への事業者の参入を通じたイノベーションの促進や利用者利便の向上の重要性、⑤１つの登録で複数の分野の商品・サービスを取扱い可能とした制度趣旨等を総合的に勘案して設定したとの説明がなされています。

3　金融サービス仲介業と同様に所属金融機関制がない保険仲立人も、保険業法上、保証金の供託義務を負います（保険業法291条１項）。保証金の金額は、保険仲立人のケースにおいては、過去３年間に「保険仲立人が保険契約の締結の媒介に関して受領した手数料、報酬その他の対価の合計した金額」で、最低額は2,000万円、最大額は８億円とされています（保険業法291条２項、保険業法施行令41条）。

を除き、契約を解除し、または契約の内容を変更することができないものであること、といった事項があります（金サ令29条１項、金融サービス仲介業者賠償責任保険契約の要件を定める件（令和３年金融庁告示第30号））。

Q30 金融サービス仲介業者の顧客に対する情報提供義務について教えてください。

A 金融サービス仲介業者が仲介を行う分野を問わず横断的に適用される情報提供義務と、仲介を行う分野に応じた業法に定める情報提供義務があります。分野横断的な情報提供義務は、顧客に対してあらかじめ明らかにすべき事項と、顧客から求められたときに明らかにすべき事項に分けて定められています。また、仲介を行う分野に応じた業法に基づき媒介先の金融機関が顧客に提供する情報等に関しては、金融サービス仲介業者が重ねて情報提供を行う必要はないものとされています。

解　説

1　顧客に対する情報提供義務（分野横断的に適用される義務）

金サ法25条は、金融サービス仲介業者が仲介を行う分野を問わず、分野横断的に適用される顧客に対する情報提供義務について、①金融サービス仲介業務を行うときには顧客に対してあらかじめ明らかにすべき事項（金サ法25条1項1号～6号、金サ府令33条1項・2項）と、②顧客から求められたときには明らかにすべき事項（金サ法25条2項、金サ府令34条）に分けて定めています（図表4－1参照）。

金融サービス仲介業者は、多数の金融機関が提供する金融サービスをワンストップで提供するビジネスを念頭に置いており、複数の金融機関が提供する同種の金融サービスを比較し、顧客に最も適していると考えられるものを推奨するようなビジネスも想定されます。この点、金融サービス仲介業者が真に顧客の側に立って仲介サービスを提供しているかは、外観からは必ずしも明確ではなく、顧客本位のサービス提供を謳いながら、実際には金融機関から受け取る仲介手数料の多寡に基づいて金融サービスを推奨するインセン

図表４－１　顧客に対する情報提供義務（分野横断的に適用される義務）

※本文で説明を付した部分を中心に下線を付しています。

情報提供義務の発生時期	提供すべき事項の概要
あらかじめ	・金融サービス仲介業者および相手方金融機関の商号・名称等 ・金融サービス仲介業者登録簿に登録されている業務の種別、登録番号 ・相手方金融機関の代理権を有さず、金融サービス契約の内容変更や解除申出の受付等はできないこと ・金銭等の預託の禁止の趣旨 ・金融サービス仲介業者の損害賠償に関する事項 ・顧客が金融サービス仲介業者に支払う手数料等の額、上限または計算方法の概要 ・金融サービス仲介業者と媒介先の金融機関間の資本関係・人的関係、金融サービス仲介行為に係る委託契約の有無 ・顧客に対する情報提供や書面の交付等について、金融サービス仲介業者と相手方金融機関間の役割分担に関する事項
顧客から求められたとき	・金融サービス仲介業務に関して、金融サービス仲介業者が受ける手数料等の額 ・業務の種別ごとに、金融サービス仲介業者と金融サービス仲介業務に関して取引関係にある主な相手方金融機関の商号・名称等、相手方金融機関から受領した手数料等を合計した金額の総額に占める顧客が締結しようとする金融サービス契約に係る相手方金融機関から受領した手数料等を合計した金額の割合 ・当該金融サービス仲介業者が供託している保証金の額、締結している保証委託契約において供託されることとなっている金額または金融サービス仲介業者賠償責任保険契約の保険金の額

ティブが働いていることも考えられます[4]。

そこで、顧客による仲介業者の中立性の評価に資するよう、たとえば、金

4　担当者解説46～47頁。

融サービス仲介業者と媒介先の金融機関との間の資本関係・人的関係や金融サービス仲介契約に係る委託の有無についても明らかにしなければなりません（金サ法25条1項6号、金サ府令33条2項6号）。資本関係については親子会社関係の有無等が、人的関係については役員の兼職状況等が考えられますが、顧客に提供すべき情報の具体的な内容は、各金融サービス仲介業者において、規定の趣旨や顧客保護の必要性等をふまえて適切に判断すべきものとされています（金サパブコメ回答29頁90番ほか）。

また、金融サービス仲介業者が受ける手数料等（報酬・費用等の名称を問わず、金融サービス契約に関して顧客が支払うべき対価を含みます）に関しては、その額にかえて、上限または計算方法の概要を顧客に提供することもできます（金サ法25条1項6号、金サ府令33条2項3号）。しかし、顧客から求めがあれば、金融サービス仲介業者が受ける手数料等の額や、業務の種別ごとに、金融サービス仲介業者と金融サービス仲介業務に関して「取引関係にある主な相手方金融機関」から受領した手数料等の総額に比して、顧客が締結しようとする金融サービス契約に係る相手方金融機関から受領した手数料等の総額が占める割合等の事項に関しても、明らかにしなければなりません（金サ法25条2項、金サ府令34条1号）。ここに「取引関係にある主な相手方金融機関」とは、原則として、直近の複数事業年度（直近の複数事業年度がない場合には、直近の単一事業年度）において金融サービス仲介業務を行った金融サービス契約の相手方金融機関のうち、業務の種別ごと、かつ、事業年度ごとに、収受した手数料等の額の大きい上位4社程度をいうとされています（金サ監督指針Ⅲ－2－15、金サパブコメ回答80頁57～58番）。

なお、金融サービス仲介業者は、金サ法上、「健全かつ適切な運営を確保するための措置」を講じなければなりません。当該措置の内容として、Q31で説明する情報管理と並び、自らが営む金融サービス仲介業務に係る重要な事項の顧客に対する説明も掲げられており（金サ法26条、金サ府令36条以下）、顧客に対する情報提供の一環といえます。

2　顧客に対する情報提供義務（業法上の規定の準用）

分野ごとに適用される行為規制に関しては、金サ法には根拠となる業法の準用規定とその読替えを定める規定が定められています（Q３参照、金サ法29条～32条）。そこで、上記１に加えて、仲介を行う分野に応じた業法に定める情報提供義務についても参照する必要があります（図表４－２）。

もっとも、顧客の立場からは、契約締結に至る一連の過程において、金融サービス仲介業者および金融機関の双方から同じ情報提供等を重ねて受ける必要性は乏しいと考えられます。このため、金融機関において提供される情報等に関しては、金融サービス仲介業者が重ねて情報提供を行うことは要しないものとされています（金サ府令49条３項、56条２項、95条２項、102条２項等）[5]。また、金融サービス仲介業者と金融機関との間における情報提供等の分担のあり方は、ビジネスモデルや両者の連携・協働関係に応じてさまざまですが、両者間の役割分担が明確にされ、顧客に対して適時適切に情報提供等がなされることは重要です。そこで、顧客との接点となる金融サービス仲介業者に対し、かかる役割分担に関する事項も顧客に明らかにすることが

図表４－２　顧客に対する情報提供義務（分野ごと）

金融サービスの種類	提供すべき事項
預金等	金利、手数料、預金保険等で保護される旨の明示（金サ法29条、銀行法52条の44第２項、金サ府令49条）
保険	保険給付、保険期間、保険料に関する事項等の明示（金サ法30条、保険業法294条１項、金サ府令56条）
証券取引	指標の変動を直接の原因として損失が生ずることとなるおそれがある場合における当該指標および損失が生ずるおそれがある理由等を記載した書面の交付（金サ法31条、金商法37条の３第１項、金サ府令94条～99条）

5　担当者解説46～47頁。

求められています（金サ法25条1項6号、金サ府令33条2項7号）[6]。たとえば、金融機関が顧客に対して適切に情報提供等を行わなかった場合には、金融サービス仲介業者が顧客に対して情報提供等を行う必要があります。金融サービス仲介業者と金融機関の間で顧客に対する情報提供等について役割を分担する場合には、両者間で適切に連携し、顧客にとって必要かつ十分な情報が提供される必要があります（金サパブコメ回答30～31頁92～93番）。

6　担当者解説47頁。

Q31 金融サービス仲介業者にはどのような情報管理が求められますか。

A 顧客情報について、個人情報保護の観点、兼業業務との間での流用防止の観点、適合性原則の遵守の観点から、適正な管理措置を講ずることが求められています。

解　説

1　顧客情報の適切な取扱い

金融サービス仲介業者は、銀行・証券・保険等の各分野における仲介を横断的に行いうることから、顧客の資産状況等に関するさまざまな情報を保有しうる立場にあります。仮に、こうした情報を不適切に利用して金融サービスの推奨を行えば、利用者の保護に欠ける仲介行為につながるおそれがあります。そこで、金融サービス仲介業者には、自らが営む金融サービス仲介業務に関して取得した「顧客に関する情報の適正な取扱い」その他の健全かつ適切な運営を確保するため、各種の措置を講じるべき義務が課されています（金サ法26条、金サ府令36条以下、金サ監督指針Ⅲ－２－２）。

2　個人顧客情報に関する措置

金融サービス仲介業者は、通常、個人情報保護法上の個人情報取扱事業者（個人情報保護法２条５項、個人情報データベースなどを事業の用に供している者）に該当し、同法に基づき個人情報取扱事業者に課された安全管理措置義務（同法20条）を含む各種義務を負います。さらに、「金融分野における個人情報保護に関するガイドライン」（平成29年２月28日個人情報保護委員会・金融庁告示第１号（平成29年５月30日施行））および「金融分野における個人情報保護に関するガイドラインの安全管理措置等についての実務指針」（平成29年２月28日個人情報保護委員会・金融庁告示第２号（平成29年５月30日施行））も適用されます。

これらのうち、個人情報保護法に基づく規制および上記のガイドライン等に基づく規律と一部重複しますが、金サ府令では、金融サービス仲介業者に対し、次のような措置を講じることを義務づけています。

○個人顧客情報の安全管理措置等の委託先の監督

個人顧客に関する情報の安全管理、従業者の監督および当該情報の取扱いを委託する場合、委託先の監督について、当該情報の漏えい、滅失または毀損の防止を図るために必要かつ適切な措置を講じなければなりません（金サ府令36条）。

○返済能力情報の取扱い

信用情報に関する機関（資金需要者の借入金返済能力に関する情報の収集および金融サービス仲介業者に対する当該情報の提供を行うものをいいます）から提供を受けた情報であって個人である資金需要者の借入金返済能力に関するものを、資金需要者の返済能力の調査以外の目的のために利用しないことを確保するための措置を講じなければなりません（金サ府令37条）。

○特別の非公開情報の取扱い

個人顧客に関する人種、信条、門地、本籍地、保健医療または犯罪経歴についての情報その他の特別の非公開情報を、適切な業務の運営の確保その他必要と認められる目的以外の目的のために利用しないことを確保するための措置を講じなければなりません（金サ府令38条）。

3　法人・個人顧客情報に関する措置

たとえば、預金等媒介業務との関係では、次のような措置を講じる必要があります。

○預金等媒介業務において取り扱う顧客に関する非公開金融情報を、事前に書面その他の適切な方法により当該顧客の同意を得ることなく有価証券等仲介業務等を含む兼業業務（金融サービス仲介業務および金融サービス仲介業務に付随する業務以外の業務をいいます。金サ府令10条４号）に利用しない

ことを確保するための措置（金サ府令55条７号イ）

○兼業業務において取り扱う顧客に関する非公開情報（その兼業業務上知りえた公表されていない情報をいいます）を、事前に書面その他の適切な方法により当該顧客の同意を得ることなく預金等媒介業務に係る業務に利用しないことを確保するための措置（金サ府令55条７号ロ）

○兼業業務において取り扱う顧客に関する非公開情報を、事前に書面その他の適切な方法により当該顧客の同意を得ることなく相手方金融機関に提供しないことを確保するための措置（金サ府令55条７号ハ）

また、特定金融サービス契約（金サ法31条２項）に係る金融サービス仲介業務との関係では、次のような措置も求められています。

○金融機関代理業務に従事する者との間で、原則として有価証券の発行者である顧客の非公開融資等情報を提供・受領しないこと（金サ府令111条１項24号）等

4　適合性原則等との関係で求められる措置

金融サービス仲介業者は、特定金融サービス契約の締結に際しては、金サ法31条により準用される金商法40条に基づき、顧客の知識、経験、財産の状況、特定金融サービス契約を締結する目的やリスク管理判断能力等に応じた取引内容や取引条件に留意し、顧客属性等に則した適正な勧誘の履行を確保する必要があります。

そこで、金サ監督指針Ⅲ－２－６(1)②では、「顧客の属性等及び取引実態の的確な把握並びに顧客情報の管理の徹底」として、特定金融サービス契約の締結の媒介にあたり、顧客から収集する情報（資産・収入等の財産状況、顧客ニーズに関する情報等）を例示し、既存顧客に対する新たな特定金融サービス契約の締結の媒介に際してそれら情報の変化を把握した場合には、「顧客に確認を取った上で、登録情報の変更を行うなど適切な顧客情報の管理を行っているか。」という点を着眼点としてあげており（金サ監督指針Ⅲ－２－６(1)②イ）、たとえば、変更前の顧客情報や登録情報の変更にかかわる履歴

管理を行うことも必要とされています（金サ法パブコメ回答72頁27番）。

また、顧客から収集したこれらの「情報の適切に保管するための体制」とこれらの「情報を上記情報を活用できるための体制」を整備しているかについても、着眼点とされています（金サ監督指針Ⅲ－２－６⑴②ニ）。

Q32 金融サービス仲介業者やそのグループ企業は顧客から金銭等の預託を受けたり収納代行を行ったりすることはできますか。

A 金融サービス仲介業者は、「その行う金融サービス仲介業に関して」「顧客から金銭その他の財産の預託を受け」、または「当該金融サービス仲介業者と密接な関係を有する者として政令で定める者に顧客の金銭その他の財産を預託させ」ることが原則として禁止されています。

解　説

金サ法上、金融サービス仲介業者は、「その行う金融サービス仲介業に関して」「顧客から金銭その他の財産の預託を受け」、または「当該金融サービス仲介業者と密接な関係を有する者として政令で定める者に顧客の金銭その他の財産を預託させ」ることが原則として禁止され、その例外として「顧客の保護に欠けるおそれが少ない場合として内閣府令で定める場合」にはこれが認められています（金サ法27条）。

「密接な関係を有する者として政令で定める者」としては、親族や役職員、一定の国内グループ企業および議決権の過半を保有する個人株主が定められていますが、銀行等の預貯金取扱金融機関、証券会社、保険会社、外国保険会社等、少額短期保険業者、信託会社および資金移動業者は除かれています（金サ令30条、金サ府令41条～45条）。

例外となる「顧客の保護に欠けるおそれが少ない場合として内閣府令で定める場合」としては、銀行等の預貯金取扱金融機関がその業務として行う場合、銀行代理業者等がその業務として行う場合や資金移動業者が資金移動業として行う場合等が規定されています（金サ府令46条）。したがって、たとえば、資金移動業を兼業する金融サービス仲介業者が、資金移動業として、顧客から金銭等の預託を受けることは可能です。

また、金サ法27条に基づく金銭等の預託の禁止等は、金融サービス仲介業者は、「その行う金融サービス仲介業に関して」金銭等の預託を受けることを対象としており、「顧客からの金銭その他の財産の預託が金融サービス仲介業に関して行われるものでない場合は、金融サービス提供法第27条には抵触し」ないと解されています（金サパブコメ回答34～35頁101～103番)。たとえば、金融サービス仲介業者が、金融サービス仲介業に関することなく、①第二種金融商品取引業における特定有価証券等管理行為として行う場合、②暗号資産交換業に係る法令において預託が許された資産を保有する場合、③為替取引としての規制の対象にならない収納代行等の法令の禁止なく適法に預かりが許される場合等のケースにおいては、金銭等の預託を受けることができることとなります。ただし、こうした場合において、「少なくともボタン一つで他の業務における預かり資産について、直ちに金融サービス仲介業に係る商品等を購入できないようにすること」や、「金融サービス仲介業に関する業務とは分離して当該預かりに関する業務を行うこと」といった体制を構築することが必要になると思われます（金サパブコメ回答34頁101番)。

なお、この規定については、金融商品仲介業者における金銭等の預託の禁止（金商法66条の13）の場合と同様に、相手方金融機関のために行う収納代行も含めて禁止されるものと解される可能性がある点に留意を要します。

Q33 金融サービス仲介業者は、顧客からの苦情の処理または顧客との紛争の解決のため、どのような措置を講じる必要がありますか。

A 金融サービス仲介業者は、仲介を行う業務の分野に応じて、指定紛争解決機関との間で契約を締結する措置をとるか、または、所定の苦情処理措置および紛争解決措置を講じなければなりません。

解　説

1　二通りの措置

金サ法28条は、金融サービス仲介業者が仲介を行う業務の分野に応じて、①指定紛争解決機関との間で契約を締結する措置、または、②苦情処理措置および紛争解決措置を講じなければならないと定めています。預金等媒介業務を例にとって、具体的に説明すると以下のとおりとなります。

2　指定預金等媒介紛争解決機関との間で契約を締結する措置

まず、「指定紛争解決機関」とは、内閣総理大臣（から金サ法82条に基づき授権を受けた金融庁長官）が金サ法51条に定める一定の要件を満たすものとして指定した紛争解決機関をいい（金サ法11条９項）、「指定預金等媒介紛争解決機関」とは、指定紛争解決機関であってその紛争解決等業務の種別が預金等媒介業務であるものをいいます。

第一に、指定預金等媒介紛争解決機関が存在する場合には、金融サービス仲介業者は当該機関との間で預金等媒介業務に係る手続実施基本契約を締結する措置を講じる必要があります（金サ法28条１項１号イ）。しかし、本稿執筆時点において、たとえば、銀行業務等に関する銀行等と顧客間の紛争等については一般社団法人全国銀行協会が、一定の範囲の金融商品取引業者が行う業務と顧客間の紛争解決については特定非営利活動法人証券・金融商品あっせん相談センター（FINMAC）が、それぞれ指定紛争解決機関とされておりますが、預金等媒介業務に関する指定紛争解決機関（指定預金等媒介紛争解決機関）は、いまだ指定されておりません。

3　苦情処理措置および紛争解決措置

第二に、このように「指定預金等媒介紛争解決機関が存在しない場合」には、金融サービス仲介業者は、預金等媒介業務に関する苦情処理措置および紛争解決措置の双方の措置をいずれも講じる必要があります（金サ法28条1項1号ロ、金サ府令47条、金サ監督指針Ⅲ－２－９）。

⑴　苦情処理措置

苦情処理措置とは、顧客等からの苦情の処理の業務に従事する使用人その他の従業者に対する助言もしくは指導を、金サ法62条３項３号に掲げる者（具体的には、独立行政法人国民生活センターが付与する消費生活専門相談員の資格、一般財団法人日本産業協会が付与する消費生活アドバイザーの資格または一般財団法人日本消費者協会が付与する消費生活コンサルタントの資格のいずれかの資格を有し、かつ、消費者契約法13条３項５号イに定める消費生活相談に応じる業務に通算５年以上従事した者）に行わせることまたはこれに準ずるものとして内閣府令で定める措置をいいます（金サ法28条１項１号ロ、金サ府令47条１項１号～６号）。具体的には、図表４－３のとおりの選択肢が用意されています。

図表４－３の１記載の内部管理体制の整備等に関しては、たとえば、金サ監督指針Ⅲ－２－９－１⑵③において、「（苦情等の）受付窓口における対応の充実を図るとともに、顧客利便に配慮したアクセス時間、アクセス手段を設定する等、広く苦情等を受け付ける態勢を整備しているか」といった着眼点があげられていますが、金融サービス仲介業者が適切かつ実効性ある態勢を整備しているか否かについては、業務の規模・特性、顧客の属性、苦情件数、苦情対応の状況等さまざまな要素を総合的に勘案のうえ、個別事例ごとに実態に即して実質的に判断されます（金サパブコメ回答76～77頁46番）。

図表４－３　苦情処理措置・紛争解決措置（各措置に記載された事項のいずれかを行うことが必要）

	苦情処理措置
1	次の全ての措置を講じること イ　金融サービス仲介業務関連苦情（金サ法10条10項）の処理に関する業務を構成・適格に遂行するに足りる業務運営体制の整備 ロ　上記に足りる社内規則の整備 ハ　金融サービス仲介業務関連苦情の申出先の顧客等への周知、上記イおよびロの公表
2	認定金融サービス仲介業協会が行う苦情の解決により金融サービス仲介業務関連苦情の処理を図ること（金サ法40条、43条１項）
3	金融商品取引業協会または認定投資者保護団体（金商法77条１項、２条13項、78条２項ほか）が行う苦情の解決により金融サービス仲介業務関連苦情の処理を図ること
4	消費者基本法上のあっせんにより金融サービス仲介業務関連苦情の処理を図ること（消費者基本法19条１項、25条）
5	指定預金等媒介紛争解決機関以外の指定紛争解決機関が行う苦情処理手続により金融サービス仲介業務関連苦情の処理を図ること
6	金融サービス仲介業務関連苦情の処理に関する業務を公正かつ適確に遂行するに足りる経理的基礎および人的構成を有する法人（金サ法51条１項１号）が実施する苦情を処理する手続により金融サービス仲介業務関連苦情の処理を図ること

	紛争解決措置
1	金融商品取引業協会または認定投資者保護団体のあっせんにより金融サービス仲介業務関連紛争（金サ法11条11項）の解決を図ること
2	弁護士法33条１項に定める会則もしくは当該会則の規定により定められた規則に規定する機関におけるあっせんまたは当該機関における仲裁手続により金融サービス仲介業務関連紛争の解決を図ること
3	消費者基本法19条１項もしくは25条に定めるあっせんまたは同条に規定する合意による解決により金融サービス仲介業務関連紛争の解決を図ること
4	指定預金等媒介紛争解決機関以外の指定紛争解決機関が行う苦情処理手続により金融サービス仲介業務関連苦情の処理を図ること

紛争解決措置	
5	金融サービス仲介業務関連苦情の処理に関する業務を公正かつ適確に遂行するに足りる経理的基礎および人的構成を有する法人が実施する苦情を処理する手続により金融サービス仲介業務関連苦情の処理を図ること

⑵ 紛争解決措置

紛争解決措置とは、「顧客等との紛争の解決を裁判外紛争解決手続の利用の促進に関する法律」2条3号に規定する認証紛争解決手続により図ることまたはこれに準ずるものとして内閣府令で定める措置をいいます（金サ法28条1項1号ロ、金サ府令47条2項1号～5号)。具体的には、図表4－3のとおりの選択肢が用意されています。

Q34 預金等媒介業務に特有の行為規制にはどのようなものがありますか。銀行代理業等の行為規制とはどのような違いがありますか。

A 預金等媒介業務については、銀行代理業者についての行為規制が準用されるほか、外貨預金等に関しては、銀行代理業者の場合と同様に金商法上の金融商品取引業者等の行為規制が準用されています。他方、誠実義務、手数料等の開示、金銭等の預託の禁止といった銀行代理業者にはない規制も設けられています。

解　説

1　預金等媒介業務に特有の行為規制

金融サービス仲介業者の行為規制の体系は、①顧客への情報の提供（金サ法25条）や業務運営に関する措置（金サ法26条）といった、仲介を行う分野（業務の種別）を問わない共通規制が存在する一方で、②仲介を行う分野ごとの特性をふまえた規制についても、既存の各業法を準用することで、全体として、既存の仲介業とのイコールフッティング確保を図っています[7]。

そして、預金等媒介業務については、銀行法の銀行代理業に関する規定が準用されるほか（金サ法29条、金サ令31条、金サ府令48条～55条）、外貨預金等の受入れを内容とする契約の締結の媒介に係る業務（Q７参照）については、（有価証券等仲介業務と同様に）「特定金融サービス契約」に係る金融サービス仲介業務として、金商法の金融商品取引業についての行為規制が準用されます（金サ法31条２項、金サ令32条～35条、金サ府令66条～119条）。より具体的にはそれぞれ図表４－４に記載のとおりです。

7　担当者解説45～46頁。

図表４－４　預金等媒介業務に特有の行為規制

準用条文	概要	本来の適用対象	預金等媒介業務への準用状況	
			外貨預金等以外	外貨預金等
銀行法52条の44第２項	契約内容等の情報提供	銀行代理業者	○	×
銀行法52条の45	禁止行為	銀行代理業者	○	○（５号除く）
金商法34条～34条の５（34条の２第６項～８項ならびに34条の３第５項および６項を除く）	特定投資家	金融商品取引業者等	×	○
金商法37条	広告等の規制	金融商品取引業者等	×	○
金商法37条の３（３項を除く）	契約締結前の書面の交付	金融商品取引業者等	×	○
金商法37条の４	契約締結時等の書面の交付	金融商品取引業者等	×	○
金商法37条の６（１項・２項・４項ただし書および５項を除く）	書面による解除	金融商品取引業者等	×	○
金商法38条（７号および８号を除く）	禁止行為	金融商品取引業者等またはその役員もしくは使用人	×	○
金商法39条	損失補塡等の禁止	金融商品取引業者等	×	○
金商法40条	適合性の原	金融商品取	×	○

準用条文	概要	本来の適用対象	預金等媒介業務への準用状況	
			外貨預金等以外	外貨預金等
	則等	引業者等		
金商法45条（3号および4号を除く）	雑則（顧客が特定投資家である場合の行為規制の適用除外）	金融商品取引業者等	×	○

2　銀行代理業の行為規制との違い

上記1および図表4－4のとおり、預金等媒介業務については、銀行代理業者についての行為規制が準用されるほか、外貨預金等に関しては、銀行代理業者の場合（銀行法52条の45の2）と同様に金商法上の金融商品取引業者等の行為規制が準用されています。

もっとも、金融サービス仲介業者は業務範囲について原則制限がないことから（Q24参照）、業務範囲規制（銀行法52条の42）は準用されていません。また、金銭等の預託の禁止（金サ法27条。Q32参照）をふまえ、分別管理義務（銀行法52条の45）は準用されていません。さらに、銀行法52条の44第1項および3項は金サ法25条および26条が対応することから準用されていないものと考えられます。

他方、預金等媒介業務については、誠実義務（金サ法24条）、手数料等の開示（金サ法25条2項。Q30参照）、金銭等の預託の禁止（金サ法27条。Q32参照）といった銀行代理業者にはない規制も設けられています。

Q35

有価証券等仲介業務に特有の行為規制にはどのようなものがありますか。第一種金融商品取引業（有価証券関連業）、投資助言・代理業（代理・媒介業務）および金融商品仲介業の行為規制とはどのような違いがありますか。外務員登録は必要ですか。

A 有価証券等仲介業務に特有の行為規制については、既存の業法である金商法の行為規制が準用されますが、その行為の特徴に照らして、金商法の準用規定が定められていると考えられます。また、金サ法自体に別途個別に規定され、その実質的内容が金商法と重複するものについてもこの準用対象から除外されています。有価証券等仲介業務を行う金融サービス仲介業者の役員または使用人のうち、対象行為（有価証券の売買の媒介等）を行う者には外務員登録が必要になります。

解　説

1　有価証券等仲介業務に特有の行為規制

金融サービス仲介業者の行為規制の体系は、①顧客への情報の提供（金サ法25条）や業務運営に関する措置（金サ法26条）といった、仲介を行う分野（業務の種別）を問わない共通規制が存在する一方で、②仲介を行う分野ごとの特性をふまえた規制についても、既存の各業法を準用することで、全体として、既存の仲介業とのイコールフッティングの確保を図っています[8]。

そして有価証券等仲介業務には金商法が準用されますが（金サ法31条、金サ令32条～35条、金サ府令65条～119条[9]）、より具体的には図表４－５に記載

8　担当者解説45～46頁。
9　より正確には、金サ府令65条は有価証券等仲介業務に関する特則ですが、金サ府令66条～119条は特定金融サービス契約に係る金融サービス仲介業務に関する特則であり、特定金融サービス契約には、本文でも言及するとおり、特定預金等契約や特定保険契約が含まれています。

図表4－5　有価証券等仲介業務に特有の行為規制

準用金商法条文	概要	もともとの適用主体	有価証券等仲介業務自体への準用（金サ法31条1項）	特定金融サービス契約への準用（金サ法31条2項）
金商法34条～34条の5 (34条の2第6項～8項ならびに34条の3第5項および6項を除く)	特定投資家	金融商品取引業者等	—	○
金商法37条	広告等の規制	金融商品取引業者等	—	○
金商法37条の3 (3項を除く)	契約締結前の書面の交付	金融商品取引業者等	—	○
金商法37条の4	契約締結時等の書面の交付	金融商品取引業者等	—	○
金商法37条の6 (1項・2項・4項ただし書および5項を除く)	書面による解除	金融商品取引業者等	—	○
金商法38条 (7号および8号を除く)	禁止行為	金融商品取引業者等またはその役員もしくは使用人	—	○
金商法38条の2	禁止行為	金融商品取引業者等	○	—
金商法39条	損失補填等の禁止	金融商品取引業者等	—	○
金商法40条	適合性の原則等	金融商品取引業者等	—	○

準用金商法条文	概要	もともとの適用主体	有価証券等仲介業務自体への準用（金サ法31条１項）	特定金融サービス契約への準用（金サ法31条２項）
金商法45条（３号および４号を除く）	雑則（顧客が特定投資家である場合の行為規制の適用除外）	金融商品取引業者等	—	○
金商法66条の14（１号イおよびロならびに３号を除く）	禁止行為	金融商品仲介業者またはその役員もしくは使用人	○	—
金商法66条の14の２	特定投資家向け有価証券の売買の媒介等の制限	金融商品仲介業者	○	—

するものが準用されています。その大半は特定金融サービス契約に関するものです。

ここで特定金融サービス契約とは、特定預金等契約や特定保険契約に加えて、①金サ法11条４項１号に掲げる行為により締結する有価証券の売買契約、②同項２号に掲げる行為により締結する有価証券の売買契約もしくは市場デリバティブ取引もしくは外国市場デリバティブ取引に係る契約、③同項３号に掲げる行為により有価証券を取得することを内容とする契約、および④同項４号に掲げる行為により締結する投資顧問契約もしくは投資一任契約をいいます（金サ法31条２項）。つまり、金サ法11条４項の有価証券等仲介業務のすべて（Q11参照）が対象となっています。

金融サービス仲介業者が行う有価証券等仲介業務に金商法が準用された場

合、当該準用との関係で解釈上問題となりうる事項については、金サパブコメ回答42～51頁132～154番の「行為規制（特定金融サービス契約に係る金融サービス仲介業務）」が参考となる場合があると思われます。

2　第一種金融商品取引業（有価証券関連業）、投資助言・代理業（代理・媒介業務）および金融商品仲介業の行為規制との違い

上記1および図表4－5のとおり、有価証券等仲介業務については、金融商品取引業者や金融商品仲介業者に関する金商法の行為規制が準用されます。もっとも、金融サービス仲介業者はあくまで仲介行為を行うだけであって、契約当事者となるわけではないので、たとえば、投資助言業務に関する特則（金商法41条～41条の5）や投資運用業に関する特則（金商法42条～42条の8）は準用されないなど、その行為の特徴に照らして、金商法の準用規定が定められていると考えられます。また、金サ法自体に別途個別に規定され、その実質的内容が金商法と重複するものについてもこの準用対象から除外されています。金融サービス仲介業者の取扱商品・サービスの範囲をふまえ、必要がないと考えられるものも準用されていません（金サパブコメ回答42頁132番）。

3　外務員登録

有価証券等仲介業務を行う金融サービス仲介業者における外務員とは、その役員または使用人のうち、当該金融サービス仲介業者のために対象行為を行う者をいいます（金サ法75条1項）。対象行為は以下のとおりですが（金サ法75条1項各号。ただし、2号の政令で定める行為は指定されておらず、いわゆる空振り規定）、金サ法11条4項4号は対象とされていません。また金サ監督指針Ⅶ－2－2(1)でも、登録対象となる外務員の範囲について言及がなされています。

一　有価証券（金融商品取引法第2条第2項の規定により有価証券とみなさ

れる権利にあっては、同項各号に掲げる権利を除く。）に係る次に掲げる行為

イ　第11条第４項第１号から第３号までに掲げる行為

ロ　次に掲げる行為

(1)　売買の媒介の申込みの勧誘

(2)　市場デリバティブ取引又は外国市場デリバティブ取引の委託の勧誘

二　前号に掲げるもののほか、政令で定める行為

金商法において、そもそも外務員とは、金融商品取引業者等のために一定の勧誘行為を行う者をいい（金商法64条１項）、金融商品仲介業者についてもこの外務員に係る規定が準用されています（金商法66条の25）。そして、有価証券等仲介業務を行う金融サービス仲介業者についても上記金商法と同様の規定が置かれています（金サ法75条～80条、金サ令43条、金サ府令160条～169条）。

したがって、その制度の基本的な仕組みは金商法と同様と考えられるところ、外務員制度は、業者のために一定の対象行為に従事する者について、登録制度を設け、登録を受けた者のみが対象行為に従事することができるとすることにより、外務員の行為の責任を明らかにするとともに不適格者を排除する趣旨の制度と考えられています。

以上から、外務員登録の必要性について検討しますと、外務員登録がない役職員が上記対象行為を行うことはできませんので（金サ法75条２項）、有価証券の勧誘を伴う有価証券等仲介業務を行うには外務員登録が必要となります。また、外務員の登録に関する事務について、金商法では、現在、日本証券業協会、金融先物取引業協会、日本暗号資産取引業協会および日本STO協会に委任されていますが（金商法64条の７第１項）、金サ法上、有価証券等仲介業務を行う金融サービス仲介業者に係る外務員登録についても、認定金融サービス仲介業協会等へ委託することが可能とされています（金サ法78条

1項・2項)。したがって、実際にはこの仕組みを用いることで、金サ協会へ外務員登録が委ねられると考えられます。

Q36 保険媒介業務に特有の行為規制にはどのようなものがありますか。保険代理店および保険仲立人の行為規制とはどのような違いがありますか。役職員の届出は必要ですか。

A 保険媒介業務については、保険募集に関する保険業法の行為規制が準用され、保険媒介業務に対する行為規制と保険代理店および保険仲立人に対する行為規制は、その多くが共通しているといえます。ただし、本稿の執筆時点においては、金融サービス仲介業者は特定保険契約を扱うことができないため、特定金融サービス契約に関する規定の適用はありません。保険代理店や保険仲立人と同様、保険媒介業務を行う金融サービス仲介業者は、その役員または使用人をして、保険契約の締結の媒介を行わせようとするときは、その者の氏名および生年月日を届出することが義務づけられています。

解　説

1　保険媒介業務に特有の行為規制

金融サービス仲介業者の行為規制の体系は、①顧客への情報の提供（金サ法25条）や業務運営に関する措置（金サ法26条）といった、仲介を行う分野（業務の種別）を問わない共通規制が存在する一方で、②仲介を行う分野ごとの特性をふまえた規制についても、既存の各業法を準用することで、全体として、既存の仲介業とのイコールフッティングの確保を図っています[10]。

そして、保険媒介業務は、その行為の内容が保険募集と同等であることから、保険募集に関する以下の保険業法の各規定が準用されます（金サ法30条、金サ府令56条～64条。図表４－６）。

なお、上記のほか、「銀行その他の政令で定める者」（金サ令25条１項参照）

10　担当者解説45～46頁。

図表4－6　保険媒介業務に特有の行為規制

準用保険業法条文	概要	本来の適用対象
保険業法293条	商法上の仲立営業の規定の準用	保険仲立人
保険業法294条1項および2項	媒介時の情報の提供	保険会社等もしくは外国保険会社等、これらの役員、保険募集人または保険仲立人もしくはその役員もしくは使用人
保険業法294条の2	媒介時の顧客の意向の把握等	保険会社等もしくは外国保険会社等、これらの役員、保険募集人または保険仲立人もしくはその役員もしくは使用人
保険業法295条	自己契約の禁止	損害保険代理店および保険仲立人
保険業法298条	結約書の記載事項	保険仲立人
保険業法300条1項	禁止行為	保険会社等もしくは外国保険会社等、これらの役員、保険募集人または保険仲立人もしくはその役員もしくは使用人
保険業法309条7項・8項および10項	保険契約の申込みの撤回時の規定	特定保険募集人、保険仲立人その他の保険募集を行う者

が保険媒介業務の種別に係る金融サービス仲介業の登録を受けて同業務を行う場合（すなわち、銀行等が保険の窓販業務を行う場合）は、銀行法等の法律の規定にかかわらず保険媒介業務を行うための条件として、一定の措置を講じていることが必要とされています（金サ法17条1項、金サ府令20条）。これは、銀行等が生命保険募集人や損害保険代理店等として窓販業務を行う場合に保険業法上必要となる措置（保険業法施行規則212条、212条の2、212条の4参照）と基本的に同様の措置となります。

また、下記2で述べるとおり、本稿の執筆時点においては、金融サービス仲介業者は特定保険契約を扱うことができないため、特定金融サービス契約に関する規定の適用はありません。

金融サービス仲介業者が行う保険媒介業務に保険業法が準用された場合、当該準用との関係で解釈上問題となりうる事項については、金サパブコメ回答36～42頁109～131番の「行為規制（保険媒介業務）」が参考となる場合があると思われます。

2　保険代理店および保険仲立人の行為規制との違い

上記１および図表４－６のとおり、保険媒介業務については、保険募集に関する保険業法の行為規制が準用され、また、金サ法自体に別途個別に規定され、その実質的内容が保険募集に関する保険業法の行為規制と重複するものについては準用対象から除外されているものの、金サ法の規定が適用されることになります。それゆえ、保険媒介業務に対する行為規制と保険代理店および保険仲立人に対する行為規制は、その多くが共通しているといえます。

なお、保険業法においては、特定保険契約（すなわち、変額保険、解約返戻金変動型保険および外貨建て保険に係る保険契約）の締結の媒介について金融商品取引業の行為規制を定める金商法の規定を準用しており（保険業法300条の２）、金サ法においても、これに対応して、特定保険契約を含む特定金融サービス契約に係る金融サービス仲介業務を行う場合には、特定投資家制度と販売・勧誘に関する金商法の規定が準用されます（金サ法31条２項）。もっとも、本稿の執筆時点においては、特定保険契約は「顧客に対し高度に専門的な説明を必要とするものとして政令で定めるもの」として保険媒介業務の対象から除外されており、金融サービス仲介業者が特定保険契約を取り扱うことはできないため、事実上、これらの規定が適用されることはないことになります。

3　役職員の届出の要否

保険媒介業務を行う金融サービス仲介業者は、その役員または使用人をして、保険契約の締結の媒介を行わせようとするときは、その者の氏名および生年月日を届出することが義務づけられており、また、届け出た事項につき変更が生じたとき、または届出に係る役員もしくは使用人が保険契約の締結の媒介を行わないこととなったとき、これらの者が死亡したときには、変更届出をすることが必要です（金サ法74条）。これは、保険代理店や保険仲立人に関する役員または使用人の届出（保険業法302条）と同様の制度となっています。また、金サ法上、保険媒介業務を行う金融サービス仲介業者に係る役職員の届出の受理に係る事務は、認定金融サービス仲介業協会等へ委託することが可能とされています（金サ法78条１項・２項）。したがって、実際にはこの仕組みを用いることで、認定金融サービス仲介業協会へ役職員の届出の受理に係る事務が委ねられることになる可能性が高いです。

Q37 貸金業貸付媒介業務に特有の行為規制にはどのようなものがありますか。貸金業者の行為規制とはどのような違いがありますか。

A 貸金業貸付媒介業務については、貸金業者に関する貸金業法の行為規制が準用されますが、自ら貸付け等を行うわけではないこと、消費者向けの極度方式基本契約およびこれに基づく資金の貸付けに係る契約が取扱い商品の対象から除外されていることなど、その行為の特徴に照らして、貸金業法の準用規定が定められていると考えられます。

解　説

1　貸金業貸付媒介業務に特有の行為規制

金融サービス仲介業者の行為規制の体系は、①顧客への情報の提供（金サ法25条）や業務運営に関する措置（金サ法26条）といった、仲介を行う分野（業務の種別）を問わない共通規制が存在する一方で、②仲介を行う分野ごとの特性をふまえた規制についても、既存の各業法を準用することで、全体として、既存の仲介業とのイコールフッティングの確保を図っています[11]。

そして、貸金業貸付媒介業務には貸金業法が準用されますが（金サ法32条、金サ令38、金サ府令120条～137条）、より具体的には図表４－７に記載する貸金業者に関する規定が準用されています。

金融サービス仲介業者が行う貸金業貸付媒介業務に貸金業法が準用された場合、当該準用との関係で解釈上問題となりうる事項については、金サパブコメ回答51～55頁155～168番の「行為規制（貸金業貸付媒介業務）」が参考となる場合があると思われます。

11　担当者解説45～46頁。

図表４－７　貸金業貸付媒介業務に特有の行為規制

準用貸金業法条文	概要
貸金業法12条の４	証明書の携帯等
貸金業法12条の５	暴力団員等の使用の禁止
貸金業法12条の６	禁止行為
貸金業法12条の７	生命保険契約等の締結に係る制限
貸金業法12条の８	利息、保証料等に係る制限等
貸金業法12条の９	相談および助言
貸金業法14条（４号を除く）	貸付条件等の掲示
貸金業法15条	貸付条件の広告等
貸金業法16条	誇大広告の禁止等
貸金業法16条の２	契約締結前の書面の交付
貸金業法16条の３	生命保険契約等に係る同意前の書面の交付
貸金業法17条	契約締結時の書面の交付
貸金業法18条	受取証書の交付
貸金業法19条の２	帳簿の閲覧
貸金業法20条	特定公正証書に係る制限
貸金業法20条の２	公的給付に係る預金通帳等の保管等の制限
貸金業法21条（２項５号を除く）	取立て行為の規制
貸金業法22条	債権証書の返還

2　貸金業貸付媒介業務および貸金業の行為規制との違い

上記１および図表４－７のとおり、貸金業貸付媒介業務については、貸金業者に関する貸金業法の行為規制が準用されます。もっとも、金融サービス仲介業者はあくまで仲介行為を行うだけであって、貸付け等を行うわけではないので、たとえば、貸金業務取扱主任者の設置（貸金業法12条の３）、返済能力の調査（同法13条）、過剰貸付け等の禁止（同法13条の２）、貸金業務取扱主任者の氏名の掲示（同法14条４号）は準用されず、また、消費者向けの極度方式基本契約およびこれに基づく資金の貸付けに係る契約が「顧客に対し高度に専門的な説明を必要とするものとして政令で定めるもの」として貸金業貸付媒介業務の対象から除外されていることから、基準額超過極度方式基本契約に係る調査（同法13条の３）、基準額超過極度方式基本契約に係る必要な措置（同法13条の４）は準用されないなど、その行為の特徴に照らして、貸金業法の準用規定が定められていると考えられます。

Q38 電子決済等代行業を行う場合の行為規制にはどのようなものがありますか。

A 金融サービス仲介業者が電子金融サービス仲介業務を行う場合、一定の形式的な欠格事由に該当しない限り、銀行法上の電子決済等代行業に関する登録を受けずに、届出を行うだけで「電子決済等代行業」を行うことができます。この場合、銀行法上の電子決済等代行業に関する規定が、当該金融サービス仲介業者を電子決済等代行業者とみなして適用されます。

解　説

1　電子金融サービス仲介業務に準用される電子決済等代行業に関する銀行法の規定

金融サービス仲介業者が電子金融サービス仲介業務を行う場合、純資産額が負の値である等の一定の形式的な欠格事由に該当しない限り、銀行法上の電子決済等代行業に関する登録（銀行法52条の61の２）を受けずに、届出を行うだけで「電子決済等代行業」（銀行法２条17項。詳細はQ19参照）を行うことができます（金サ法18条１項）。

この場合、銀行法上の電子決済等代行業に関する以下の規定が、当該金融サービス仲介業者を電子決済等代行業者とみなして適用されます（金サ法18条２項）。

- 変更届出に関する規定（銀行法52条の61の６第１項・３項）
- 廃業届出に関する規定（銀行法52条の61の７第１項）
- 業務に関する規定（銀行法52条の61の８～52条の61の11）
- 監督に関する規定（銀行法52条の61の12～52条の61の16）
- 登録の取消しに関する規定（銀行法52条の61の17第１項（１号および２号を除く））

・認定電子決済等代行事業者協会に関する規定（銀行法52条の61の19～52条の61の30）
・届出事項等に関する規定（銀行法53条5項、56条（14号および16号～18号に係る部分に限る））
・これらの規定に係る罰則（銀行法第9章）

また、このようなみなし電子決済等代行業者に対しては、主要行等向けの総合的な監督指針Ⅸ－1からⅨ－5までの規定が準用されます（金サ監督指針Ⅲ－2－18）。

さらに、電子金融サービス仲介業務を行う金融サービス仲介業者については、銀行以外の預貯金取扱金融機関との関係でも、電子決済等代行業者とみなされる結果、電子決済等代行業と同様の業務を行うことができるようになります（金サ法18条2項）。

2　電子決済等代行業を行う場合の行為規制

金融サービス仲介業者が電子金融サービス仲介業務を行う場合に適用される行為規制は、以下のとおりです。

・利用者に対する説明（銀行法52条の61の8第1項、銀行法施行規則34条の64の9）
・銀行が営む業務との誤認を防止するための情報の利用者への提供（銀行法52条の61の8第2項、銀行法施行規則34条の64の10）
・為替取引の結果の通知（銀行法52条の61の8第2項、銀行法施行規則34条の64の11）
・電子決済等代行業に係る情報の安全管理措置（銀行法52条の61の8第2項、銀行法施行規則34条の64の12）
・個人利用者情報の安全管理措置等（銀行法52条の61の8第2項、銀行法施行規則34条の64の13）
・特別の非公開情報の取扱い（銀行法52条の61の8第2項、銀行法施行規則34条の64の14）

・委託業務の適確な遂行を確保するための措置（銀行法52条の61の８第２項、銀行法施行規則34条の64の11）

・誠実義務（銀行法52条の61の９）

・銀行との契約締結義務（銀行法52条の61の10、銀行法施行規則34条の64の16、34条の64の17）

以上のうち主として情報の安全管理措置等に関連して、金サ監督指針上、以下のとおり、主要行等監督指針を準用するかたちで、システムリスク管理や情報セキュリティに関する留意点および監督手法・対応が定められています。

・システムリスク管理（主要行等監督指針Ⅸ－３－２(1)）
・情報セキュリティ管理（主要行等監督指針Ⅸ－３－２(2)）
・サイバーセキュリティ管理（主要行等監督指針Ⅸ－３－２(3)）
・外部委託管理（主要行等監督指針Ⅸ－３－２(4)）
・被害拡大防止措置（主要行等監督指針Ⅸ－３－２(4)）
・電子決済等代行業に係る障害発生時の対応（主要行等監督指針Ⅸ－３－３(1)）
・不正送金、誤送金、情報漏えい等の対応（主要行等監督指針Ⅸ－３－３(2)）
・外部委託先への対応（主要行等監督指針Ⅸ－３－３(3)）

Q39 金融サービス仲介業者に犯収法に基づく取引時確認・疑わしい取引の届出等の規制は適用されますか。

A 金融サービス仲介業者は、犯収法上の特定事業者に該当せず、同法に基づく取引時確認等の義務を負うものではありません。ただし、監督指針上、「金融機関による取引時確認等の措置の履行を阻害する行為（金融機関との間で取り決めた義務の不履行を含む。）が行われることがないよう、業務の健全かつ適切な運営を確保する態勢を整備」することが必要とされています。

解　説

1　犯収法に基づく規制の対象者─「特定事業者」に該当するか

犯収法は、犯罪収益が組織的犯罪の助長に使用され、これが移転して事業活動に用いられることで健全な経済活動に重大な悪影響を与えること等に鑑み、「特定事業者」（犯収法2条2項1号～47号）に対して一定の措置を講じる義務を課すことにより、マネー・ローンダリングおよびテロ資金供与防止（AML/CFT）を図り、国民生活の安全・平穏と経済活動の健全な発展への寄与を目的として制定され、2008年3月から全面的に施行されています。特定事業者は、顧客との間で一定の取引等を行うに際して所定の事項を確認しなければならないほか（取引時確認、犯収法4条）、疑わしい取引の届出（犯収法8条）や記録保存等の各種の措置を的確に行うため、内部管理態勢を構築することが求められています（犯収法11条）。

犯収法に基づく規制の対象者である「特定事業者」については、犯収法2条2項各号が列挙しており、銀行、保険会社、金融商品取引業者、貸金業者、資金移動業者、ファイナンスリース事業者、クレジットカード事業者等が幅広くあげられていますが、金融サービス仲介業者はあげられておりません。したがって、金融サービス仲介業者は犯収法上の特定事業者には該当しません。

2　金融サービス仲介業者に求められるAML/CFT対応―金サ監督指針Ⅲ－２－１－３、Ⅲ－２－１－４

このように、金融サービス仲介業者は、犯収法上の特定事業者に該当せず、同法に基づく取引時確認等の義務を負うものではありません。

しかし、一方で、金融機関が顧客との間で行う取引を媒介することで顧客接点となる金融サービス仲介業者は、金融機関および金融サービスが組織犯罪等に利用されることを防止するうえで重要な役割を担いうる立場にあります。このような金融サービス仲介業者の立場や、金融サービス仲介業者の業務の健全かつ適切な運営を確保する金サ法の目的にも鑑みて、金融サービス仲介業者自身においても、「組織犯罪等の遂行を容易にする行為や組織犯罪等を助長または組織犯罪等に加担する行為のほか、金融機関による取引時確認等の措置の履行を阻害する行為（金融機関との間で取り決めた義務の不履行を含む。）が行われることがないよう、業務の健全かつ適切な運営を確保する態勢を整備」することが必要とされています（金サ監督指針Ⅲ－２－１－３⑴、金サパブコメ回答67～68頁13～14番）。そして、具体的にどのような態勢を整備することが必要かに関しては、金融サービス仲介業者の取り扱う商品・サービスの内容・特性、金融機関との委託関係の有無、金融機関との役割分担の定め方等を勘案のうえ、個別事例ごとに実態に即して実質的に判断されるべきものとされています（金サパブコメ回答67～68頁13～14番）。

なお、反社会的勢力への対応は、犯収法上の特定事業者であるか否かにかかわらず、政府指針（平成19年６月19日、犯罪対策閣僚会議幹事会申合せ）、都道府県条例および各事業者が定めた規程等に沿って、適切に対応される必要があります（金サ監督指針Ⅲ－２－１－４、金サパブコメ回答69頁17～18番）。

Q40 金融サービス仲介業者は、「金融商品販売業者等」として金サ法第２章の適用を受けますか。

A 金融サービス仲介業者は「金融商品販売業者等」に含まれるものとして、金サ法第２章の適用を受けます。

解　説

1　金サ法の構造

Ｑ３で説明しましたように、改正法による改正前の金サ法（金融商品の販売等に関する法律）は、金サ法への移行後も金サ法の第２章として組み込まれ、従来の金融商品の販売等に関する法律に基づく規律は基本的に維持されています。具体的には、「金融商品販売業者等」が「金融商品の販売等」に際し顧客に対して説明をすべき事項や、当該事項について説明をしなかったこと等により当該顧客に損害が生じた場合における損害賠償の責任、さらに金融商品の販売等に係る勧誘の適正の確保のための措置等について規定されています（下記３参照）。そして、改正法により、金融サービス仲介業に関する規律が新たに定められ、主に金サ法の第３章で規定されています。

2　金サ法上の「金融商品販売業者等」と「金融サービス仲介業者」

金サ法上、「金融商品販売業者等」は「金融商品の販売等を業として行う者」と定義され（金サ法３条３項）、また、「金融商品の販売等」は「金融商品の販売又はその代理若しくは媒介（顧客のために行われるものを含む。）」と定義されています（金サ法３条２項）。金融サービス仲介業者が行う業務は、「金融商品の販売の媒介」であるため、金融サービス仲介業者は「金融商品販売業者等」に含まれるものとして、金サ法第２章の適用を受けます。

3　金融商品販売業者等の義務等

金サ法第2章は、金融商品販売業者等に対し、次のような義務や禁止行為等を定めています。

⑴　説明義務等

金融商品販売業者等は、金融商品の販売等を業として行うときは、当該金融商品の販売等に係る金融商品の販売が行われるまでの間に、顧客に対し、金サ法4条各号に掲げる事項（「重要事項」）について説明をしなければなりません。

また、かかる説明は、顧客の知識、経験、財産の状況および当該金融商品の販売に係る契約を締結する目的に照らして、当該顧客に理解されるために必要な方法および程度による必要があります（金サ法4条2項）。

ただし、次の場合には、説明を要しません。

①　顧客が、金融商品の販売等に関する専門的知識および経験を有する者として政令で定める者（「特定顧客」）である場合（金サ法4条7項1号）

特定顧客として、金融商品販売業者等または金商法2条31項に規定する特定投資家が定められています（金サ法施行令12条1項）。

②　金融商品の販売が金商法2条8項1号に規定する商品関連市場デリバティブ取引およびその取次ぎのいずれでもない場合において、重要事項について説明を要しない旨の顧客の意思の表明があった場合（金サ法4条7項2号）

⑵　断定的判断等の禁止

金融商品販売業者等は、金融商品の販売等を業として行うときは、当該金融商品の販売等に係る金融商品の販売が行われるまでの間に、顧客に対し、当該金融商品の販売に係る事項について、不確実な事項について断定的判断を提供し、または確実であると誤認させるおそれのあることを告げる行為を行ってはなりません（金サ法5条）。

(3) 損害賠償責任

金融商品販売業者等が、上記(1)または(2)に違反したときは、これによって生じた当該顧客の損害を賠償する責任を負うとされています（金サ法6条）。

(4) 勧誘体制の整備

金融商品販売業者等は、業として行う金融商品の販売等に係る勧誘をするに際し、その適正の確保に努めなければなりません（金サ法9条）。

金融商品販売業者等は、業として行う金融商品の販売等に係る勧誘をしようとするときは、あらかじめ、金サ法10条2項各号に定める当該勧誘に関する方針（「勧誘方針」）を定めなければなりません。ただし、当該金融商品販売業者等が、国、地方公共団体その他勧誘の適正を欠くおそれがないと認められる者として政令で定める者である場合または特定顧客のみを顧客とする金融商品販売業者等である場合は、この限りでないとされています（金サ法10条1項）。

Q41 金融サービス仲介業者は、私法上、「代理商」なのでしょうか、それとも「仲立人」なのでしょうか。

A 金融サービス仲介業者は、特定の商人の委託を受けて行う「媒介代理商」と、他人の間に立って、両者を当事者とする法律行為の成立に尽力する事実行為を行う「仲立人」のいずれかに該当しえます。

解 説

1 「代理商」とは

代理商とは、商人（会社を含みます）のためにその平常の営業の部類に属する取引の代理または媒介をする者で、その商人の使用人でないものをいいます（商法27条、会社法16条）。このうち、当該商人から取引の代理を委託された者を「締約代理商」といい、商人から取引の媒介を委託された者を「媒介代理商」といいます。一般に、締約代理商の例としては、損害保険会社のために損害保険契約（海上保険契約を除きます）の締結の代理を行う損害保険代理店や銀行のために物品海上運送契約の締結の代理をなす海運代理店があげられます。媒介代理商の例としては、損害保険会社のために海上保険契約の媒介をなす損害保険代理店があげられます[12]。

なお、商人でない者のために取引の代理または媒介をする場合は、代理商ではなく、講学上、「民事代理商」と呼ばれています。もっとも、相互会社[13]または外国相互会社[14]に係る民事代理商については、会社法の代理商の規定が準用されます（保険業法21条1項、198条1項）。

所属制を前提とする既存法制上の仲介業者は、いずれも、代理商であるこ

---

12 特定の商人から委託を受けて、その営業の部類に属する取引の取次ぎ（たとえば委託販売の引受け）をなす者もあり、これは講学上取次代理商と呼ばれていますが、「代理」および「媒介」ではないので、商法上の代理商に関する規定は適用されません（江頭憲治郎『商取引法〔第8版〕』（弘文堂、2018年）272頁）。

とが想定されているものと考えられます。すなわち、保険代理店や銀行代理業者は保険会社または銀行のための締約代理商または媒介代理商であることが想定されているものと考えられ、金融商品仲介業者は金融商品取引業者のための媒介代理商であることが想定されているものと考えられます。

2 「仲立人」とは

仲立人とは、他人間の商行為の媒介をすることを業とする者をいいます（商法543条）。「媒介」とは、いわゆる周旋のことであって、他人の間に立って、両者を当事者とする法律行為の成立に尽力する事実行為をいいます。個人の場合、事実行為たる媒介をなすことを引き受け、委託者と相手方との間で契約が成立したとき報酬の支払を受けることを業とすることにより、仲立人は商人となります（商法502条11号、4条1項）[15]。

なお、商行為以外の他人間の法律行為の媒介をなす者は、商法上の仲立人ではなく、講学上、「民事仲立人」と呼ばれています。媒介を業として行う者は商人となるため、民事仲立人には、媒介を業として行う商人たる民事仲立人と、そうでない非商人の民事仲立人とに分かれることになります。民事仲立人の例としては、非商人間の非投機的な不動産取引の媒介のみを行う宅地建物取引業者などがあげられます。相互会社または外国相互会社を保険者とする保険契約に係る民事仲立人については、商法の仲立営業の規定が準用されます（保険業法293条）。

既存法制上の仲介業者のうち、保険仲立人は、保険会社等と顧客との間の

---

13 相互会社とは、保険業を行うことを目的として、保険業法に基づき設立された保険契約者をその社員とする社団法人をいいます（保険業法2条5項、18条）。相互保険を行うことそれ自体を目的とするものであり、保険株式会社が対外的に保険業を行うことによって利益をあげ、その利益を社員たる株主に分配することを目的としているのとは異なり、営利性が認められないことから、商人ではないとされています。

14 外国相互会社とは、外国の法令に準拠して設立された相互会社と同種の外国の法人またはこれに類似する外国の法人をいいます（保険業法2条10項）。相互会社と同様に、商人ではないとされています。

15 江頭・前掲注12・229頁。

保険契約の締結の媒介を行うものですので、仲立人（保険者が商人の場合）または民事仲立人（保険者が相互会社または外国相互会社の場合）に該当するものと考えられています。

3　金融サービス仲介業者への当てはめ

金融サービス仲介業者は、預金等媒介業務、有価証券等仲介業務、保険媒介業務および貸金業貸付媒介業務のいずれについても、その行う業務はあくまでも「媒介」であって、「代理」を行うことは認められていません。そのため、代理商のうち「締約代理商」には該当しません。

一方、行う行為が「媒介」であり、かつ、一部の例外[16]を除いて、相手方金融機関と顧客いずれのために行うものであるかは要件とされていないため、特定の商人の委託を受けて行う「媒介代理商」と、他人の間に立って、両者を当事者とする法律行為の成立に尽力する事実行為を行う「仲立人」については、いずれも該当しうることとなります。具体的には、銀行などの特定の商人の委託を受けて住宅ローンの媒介を行う金融サービス仲介業者は基本的に「媒介代理商」に該当するものと考えられ、証券会社から委託を受けずに顧客の資産状況やライフプランに応じて顧客に適した金融商品・サービスの比較・推奨等を通じて証券会社に対する市場取引の発注を媒介する金融サービス仲介業者は基本的に「仲立人」に該当するものと考えられます。保険媒介業務についても、（保険者が商人であれば）媒介代理商に該当する場合と仲立人に該当する場合が想定されますが、保険業法の保険仲立人に関する規制が広く準用されているため（Q36参照）、相互会社または外国相互会社を保険者とする場合の商法の仲立営業に関する規定の準用（保険業法293条）および結約書の記載事項（保険業法298条）といった仲立人（または民事仲立

16　①預金等媒介業務のうちの(a)預金等の受入れを内容とする契約の締結の媒介および(b)為替取引を内容とする契約の締結の媒介ならびに②有価証券等仲介業務のうち有価証券の募集または売出しの取扱いについては、相手方金融機関のために行うもののみが金融サービス仲介業に該当しますので、仲立人として行うことは想定されていないものと考えられます。

人）であることを前提とする規定を含めて準用されることになる点に留意を要します。

なお、金融サービス仲介業者が仲立人ではなく「媒介代理商」となる場合は、代理商の規定が適用され、結約書の交付義務などの仲立人に関する規定は適用されないため、保険媒介業務に関して顧客からの委託がない場合は、結約書の交付義務はないと考えられます。

第5章

作成書類・
ディスクロージャー

Q42 金融サービス仲介業者はどのような帳簿書類を作成する必要がありますか。

A 金融サービス仲介業の業務の種別に応じて定められた記載事項について帳簿書類を作成し、一定期間、保存することが義務づけられています。

解説

「金融サービス仲介業者は、内閣府令で定めるところにより、金融サービス仲介業に関する帳簿書類を作成し、保存しなければならない」(金サ法33条)と規定されています。これは、金融サービス仲介業者の業務または財産の状況を正確に反映させ、業務の適切性や財務の健全性を検証することなどによって、顧客保護に資するため法令にその作成および保存義務を規定しているものです(金サ監督指針Ⅲ－3－4)。

金融サービス仲介業者が作成しなければならない帳簿書類(法定帳簿)の内容は内閣府令に委任されており、金サ府令138条～139条において、その具体的な内容や保存期間が定められています。法定帳簿の作成・保存をしないことや虚偽の法定帳簿を作成することについては刑事罰が定められているため(金サ法87条14号、95条1項2号)、金融サービス仲介業者としてはその内容を正確に把握することが重要です。

図表5－1のとおり、金融サービス仲介業の業務の種別に応じて、法定帳簿の内容や保存期間が異なっていますが(金サ府令138条)、これは、金融サービス仲介業の特性や監督上の必要性、既存の仲介事業者に対する規制との整合性等を考慮し、金融サービス仲介業者が作成・保存しなければならない帳簿書類として必要と考えられる事項が定められているとされています(金サパブコメ回答56頁169～170番)。

さらに金サ府令139条では、上記の金サ府令138条1号～5号の各類型に応じて、法定帳簿の記載事項がそれぞれ定められています。図表5－2に条文

図表５－１　金融サービス仲介業者の法定帳簿と保存期間

１号	金サ法11条２項各号に掲げる媒介に係る記録（預金等媒介業務）	その作成の日から５年間
２号	金サ法11条３項に規定する媒介に係る記録（保険媒介業務）	保険契約が消滅した日から５年間
３号	金サ法11条４項１号～３号に掲げる行為に係る記録（有価証券等仲介業務のうち投資顧問契約・投資一任契約の締結の媒介以外のもの）	その作成の日から７年間
４号	金サ法11条４項４号に掲げる媒介に係る記録（有価証券等仲介業務のうちの投資顧問契約・投資一任契約の締結の媒介）	その作成の日から10年間
５号	金サ法11条５項に規定する媒介に係る記録（貸金業貸付媒介業務）	貸付けの契約に定められた最終の支払期日（当該契約に基づく債権が弁済その他の事由により消滅したときにあっては、当該債権の消滅した日）から少なくとも10年間（極度方式基本契約を締結した場合にあっては、当該極度方式基本契約および当該極度方式基本契約に基づくすべての極度方式貸付けに係る契約について、当該極度方式基本契約の解除の日またはこれらの契約に定められた最終の支払期日のうち最後のもの（これらの契約に基づく債権のすべてが弁済その他の事由により消滅したときにあっては、その消滅した日）のうちいずれか遅い日から少なくとも10年間）

を引用していますが、金融サービス仲介業者は業務の種別に応じて、異なる内容の法定帳簿を作成することがわかります。

さらに金サ府令139条６項以下では、法定帳簿の作成基準や電磁的記録に

図表5－2　法定帳簿の記載事項

1号	一　媒介を行った年月日 二　顧客及び相手方金融機関の氏名、商号又は名称 三　媒介に関して顧客が金融サービス仲介業者に支払うべき手数料等の額 四　顧客の口座番号 五　顧客の口座が開設されている相手方金融機関及び店舗の名称 六　法第11条第2項第1号に規定する契約の締結の媒介を行う場合にあっては、次に掲げる事項 イ　預金等の種別 ロ　預入金額、預入年月日及び利率並びに払戻しの期限がある場合にあっては当該期限 七　法第11条第2項第2号に規定する契約の締結の媒介を行う場合にあっては、次に掲げる事項 イ　貸付けの金額 ロ　貸付けの利率 ハ　返済の方式 ニ　返済期間及び返済回数 ホ　賠償額の予定（違約金を含む。）に関する定めがあるときは、その内容 八　法第11条第2項第3号に規定する契約の締結の媒介を行う場合にあっては、次に掲げる事項 イ　振込先の氏名又は名称 ロ　振込先の口座番号 ハ　振込先の口座が開設されている銀行その他の金融機関及び店舗の名称 ニ　取引金額
2号	一　媒介を行った年月日 二　顧客及び相手方金融機関の氏名、商号又は名称 三　媒介に関して顧客が金融サービス仲介業者に支払うべき手数料等の額 四　被保険者及び保険金額を受け取るべき者の商号、名称又は氏名 五　保険契約の種類及びその内容 六　保険の目的及びその価額 七　保険金額 八　保険期間の始期及び終期 九　保険契約に係る保険料 十　保険契約が自己契約（準用保険業法第295条第1項に規定する自己契

	約をいう。）であるときは、その旨 十一　保険契約者に対して行った保険契約の締結の媒介の内容
3号	一　相手方金融機関の自己又は委託の別 二　顧客及び相手方金融機関の氏名、商号又は名称 三　法第11条第4項第1号から第3号までに掲げる行為に関して顧客が金融サービス仲介業者に支払うべき手数料等の額 四　取引の種類 五　銘柄 六　売付け又は買付けの別 七　申込みを受けた数量 八　約定数量 九　指値又は成行の別（指値の場合にあっては、その価格及び注文の有効期限（当該有効期限が当日中であるものを除く。）を含む。） 十　申込みを受けた日時 十一　約定日時 十二　約定価格
4号	一　媒介を行った年月日 二　顧客及び相手方金融機関の氏名、商号又は名称 三　媒介に関して顧客が金融サービス仲介業者に支払うべき手数料等の額 四　媒介の内容
5号	一　媒介を行った年月日 二　顧客及び貸主（保証契約にあっては主たる債務者及び保証人）の商号、名称又は氏名及び住所（極度方式貸付けに係る契約にあっては、当該契約の契約番号その他をもって代えることができる。） 三　媒介に関して顧客が金融サービス仲介業者に支払うべき手数料等の額 四　準用貸金業法第17条第1項第3号から第8号までに掲げる事項（第132条第1項第1号、第2号、第9号及び第10号に掲げる事項を除き、極度方式貸付けに係る契約にあっては次号に掲げる事項と同一の内容のものを除く。） 五　準用貸金業法第17条第2項第2号から第7号までに掲げる事項（第132条第3項第1号、第2号及び第9号から第11号までに掲げる事項を除く。） 六　貸付けに係る契約について保証契約を締結したときは、準用貸金業法第17条第3項に規定する事項（第130条第4項第15号並びに第6項第4号、第7号及び第12号に掲げる事項を除く。） 七　貸付けの契約に基づく債権の全部又は一部について弁済を受けたとき

	は、各回の弁済に係る受領金額及び受領年月日 八　貸付けの契約に基づく債権に関する債務者等その他の者との交渉の経過の記録

ついての取扱い等が定められています。金融サービス仲介業者にとって特徴的な規定として、媒介を行うという業務の性質から、「取引の内容に係る部分については、金融サービス仲介業者が知り得た事項について記載すること」（金サ府令139条６項５号）という規定をあげることができます。

また、法定帳簿の取扱いについては監督指針の規定にも目を配ることが必要となります。金サ監督指針においては、金融サービス仲介業者は、社内規則等に帳簿書類の作成および保存の方法を具体的に定めるものとされています（金サ監督指針Ⅲ－３－４⑴⑨）。

Q43 金融サービス仲介業者の事業報告書と情報開示（ディスクロージャー）について教えてください。

A 金融サービス仲介業者は、事業年度ごとに、金融サービス仲介業に関する報告書（事業報告書）を作成し、監督当局に提出するとともに、その内容を公衆の縦覧に供し、またはインターネット等を通じて公表することが義務づけられています。

解　説

金融サービス仲介業者は、事業年度ごとに、金サ府令別紙様式第７号により、金融サービス仲介業に関する報告書を作成し、毎事業年度経過後３カ月以内に監督当局に提出しなければなりません（金サ法34条１項、金サ府令140条１項）。この報告書を事業報告書と呼びます。

また、金融サービス仲介業者は、毎事業年度経過後４カ月を経過した日から１年間、この事業報告書の写しまたは電磁的記録を金融サービス仲介業を行うすべての営業所もしくは事務所に備え置く方法その他の方法により事業報告書に記載されている事項を記載した書面を公衆の縦覧に供し、またはインターネットの利用その他の方法により、顧客が常に容易に閲覧することができるよう公表しなければなりません（金サ法34条２項、金サ府令140条２項・３項）。

事業報告書の不提出や虚偽の事業報告書の提出、公衆縦覧やインターネット公表を行わないこと、虚偽の公衆縦覧・公表については刑事罰が定められています（金サ法87条15号・16号、95条１項２号）。

Q44 金融サービス仲介業者の事業報告書と情報開示（ディスクロージャー）の内容について教えてください。

A 事業報告書は、①業務の状況（共通）、②業務の状況（業務の種別ごと）、③経理の状況という構成になっています。

解　説

Q43に記載のとおり、金融サービス仲介業者は、毎事業年度ごとに、事業報告書を監督当局に提出する必要があるほか、その内容を公表しなければなりません。

事業報告書の内容については、Q43に記載のとおり、金サ府令別紙様式第7号というかたちで法定されています。その見出しを抜き出すと図表5－3のとおりです。

図表5－3　事業報告書の構成

<table>
<tr><td colspan="4">Ⅰ　業務の状況（共通）
1　登録年月日及び登録番号
2　当期の事業概要
3　専業・兼業の別（兼業の場合は、主たる業種名）
4　役員及び使用人の状況
5　営業所又は事務所の状況
6　苦情の発生件数（直近3期分）
7　苦情処理及び紛争解決の状況
8　翌事業年度の改定日までに供託すべき保証金の額
9　相手方金融機関の数
10　従業者に対する研修の実施状況</td></tr>
<tr><td colspan="4">Ⅱ　業務の状況（業務の種別ごと）</td></tr>
<tr><td>〔預金等媒介業務〕
1　預金関係
2　貸付関係
3　為替取引関係
4　手数料等の状況</td><td>〔保険媒介業務〕
1　取扱保険契約ごとの媒介の状況
(1)　生命保険関係
(2)　損害保険関係
(3)　少額短期保険関係
2　手数料等の状況
3　自己契約の状況</td><td>〔有価証券等仲介業務〕
1　有価証券等仲介業務に係る口座の状況
2　手数料等の状況</td><td>〔貸金業貸付媒介業務〕
1　資金の貸付けに係る契約の締結の媒介の状況
2　手数料等の状況</td></tr>
<tr><td colspan="4">Ⅲ　経理の状況
1　貸借対照表
2　損益計算書</td></tr>
</table>

Q45 金融サービス仲介業者は一定の財産状態を維持することを求められますか。

A 金融サービス仲介業者には自己資本規制比率などの資本規制は課されていません。ただし、電子決済等代行業を行う場合には純資産額が負の値でないことが求められます。

解説

たとえば、第一種金融商品取引業を行う金融商品取引業者であれば、資本金（金商法29条の４第１項４号イ）や純財産額（金商法29条の４第１項５号ロ）、自己資本規制比率（金商法46条の６）に係る規制が適用されますが、金融サービス仲介業者には原則としてそのような規制はありません。

もっとも、損害賠償責任について支払原資を確保する観点から、一定の保証金の供託（またはこれにかわる賠償責任保険契約の締結）が義務づけられています（詳細はQ29参照）。

また、電子金融サービス仲介業務を行う金融サービス仲介業者が電子決済等代行業を行う場合（詳細はQ18・19・38参照）には、純資産額が負の値でないことが求められます（金サ法18条１項１号イ、金サ府令21条）。

第6章

自主規制機関

Q46 認定金融サービス仲介業協会は金融サービス仲介業者の自主規制機関としてどのような業務を行いますか。

A 会員である金融サービス仲介業者に対する指導・監督、自主規制規則の制定、顧客等からの苦情の処理などの業務を行うほか、金融庁長官からの委任により保険契約の締結の媒介を行う役職員の届出の受理および外務員の登録に関する事務も行うことが想定されています。

解　説

認定金融サービス仲介業協会は、金融サービス仲介業者の自主規制機関として金融庁長官の認定を受けた一般社団法人であり（金サ法40条、82条）、以下の業務を行います（金サ法41条）。

① 会員が金融サービス仲介業を行うにあたり、金サ法その他の法令の規定および下記③の規則を遵守させるための会員に対する指導、勧告その他の業務

② 会員の行う金融サービス仲介業に関し、契約の内容の適正化その他金融サービス仲介業の顧客の保護を図るために必要な指導、勧告その他の業務

③ 会員の行う金融サービス仲介業の適正化およびその取り扱う情報の適正な取扱いのために必要な規則の制定

④ 会員の金サ法もしくは金サ法に基づく命令もしくはこれらに基づく処分もしくは定款その他の規則または取引の信義則の遵守の状況の調査

⑤ 金融サービス仲介業の顧客を保護するために必要な情報の収集、整理および提供

⑥ 会員の行う金融サービス仲介業に関する顧客等（金サ法28条２項に規定する顧客等[1]）からの苦情の処理

⑦ 金融庁長官からの委任により行う保険契約の締結の媒介を行う役職員の

1　顧客または顧客以外の保険契約者等（保険業法５条１項３号イ）、資金需要者等（貸金業法２条６項）もしくは債務者等（同条５項）であった者をいいます。

届出の受理に係る事務または外務員の登録に関する事務

⑧　金融サービス仲介業の顧客に対する広報

⑨　上記①～⑧に掲げるもののほか、金融サービス仲介業の健全な発展および金融サービス仲介業の顧客の保護に資する業務

上記③のいわゆる自主規制規則のうち、金融サービス仲介業務の適正を確保することまたは顧客の保護に関するものについては、会員でない金融サービス仲介業者であっても、当該規則に準ずる内容の社内規則を作成し、当該社内規則を遵守するための体制を整備する必要があります（金サ法15条1号ソ、38条1項1号）。

また、上記⑥に関しては、認定金融サービス仲介業協会は、金融サービス仲介業の顧客等から会員の行う金融サービス仲介業に関する苦情について解決の申出があったときは、その相談に応じ、申出人に必要な助言をし、その苦情に係る事情を調査するとともに、当該会員に対しその苦情の内容を通知してその迅速な処理を求めなければならず、必要があると認めるときは、当該会員に対し、文書もしくは口頭による説明を求め、または資料の提出を求めることができます（金サ法43条1項・2項）。

現在、一般社団法人日本金融サービス仲介業協会（東京都中央区日本橋茅場町一丁目8番1号）が、認定金融サービス仲介業協会としての認定を受けるため、上記③の自主規制規則を策定するなど準備を進めています。

第 7 章

他の金融機関の規制上の取扱い

Q47 銀行の業務範囲規制・子会社範囲規制との関係上、金融サービス仲介業はどのように取り扱われますか。

A 銀行は、預金等媒介業務を付随業務として、有価証券等仲介業務を登録金融機関業務として行うことができ、保険媒介業務を金サ法上の登録を受けたうえで法定他業として、それぞれ行うことができますが、貸金業貸付媒介業務は行うことができないものと考えられます。銀行・銀行持株会社の子会社が営むことのできる「金融関連業務」には一定の媒介業務が含まれ、銀行・銀行持株会社は有価証券等仲介業務をもっぱら営む会社を子会社とすることも可能です。また、銀行または銀行持株会社の子会社が、銀行業高度化等会社として金融サービス仲介業を行う余地もあると考えられます。

解　説

1　WG報告における考え方

金融サービス仲介業の導入に際し、WG報告は、金融サービス仲介業と金融機関の業務範囲規制・子会社範囲規制に関し、以下のような考え方を示しています。

「金融機関（銀行･証券会社･保険会社等）が新たな仲介業を兼業すること又は子会社とすることについては、金融機関が既存の仲介業を兼業すること又は子会社とすることの可否にならって整理することが適当である」

2　金融サービス仲介業と銀行の業務範囲規制

このようなWG報告における考え方に基づき、銀行の業務範囲規制（銀行法10条～12条）と金融サービス仲介業の関係については、銀行法および金サ法において、以下のように規定されています。

(1) 預金等媒介業務

銀行は、付随業務として預貯金取扱金融機関[1]の業務（信託業務を除きます）の媒介を行うことができますので（銀行法10条2項8号、銀行法施行規則13条1号・2号）、預金等媒介業務を付随業務として行うことができるものと考えられます。

なお、預金等媒介業務を行う金融サービス仲介業者については、その主たる兼業業務の内容によって取扱い可能な与信商品の範囲について一定の制約を受けます（金サ法14条4号、金サ府令16条、「相手方金融機関と金融サービス仲介業者の利益が相反する取引が行われる可能性があると認められるものから除かれる者を定める件」（令和3年金融庁告示第31号））。この点は、金サ監督指針においてQ7の図表2－3のとおり整理されていますが（金サ監督指針Ⅴ－2－3－2、別紙2）、主たる兼業業務が銀行業の場合の取扱いについては明確ではありません。

(2) 保険媒介業務

銀行は、保険会社の「資金の貸付け」の媒介を付随業務として行うことができますが（銀行法10条2項8号、銀行法施行規則13条4号）、保険会社の保険そのものに関する業務の媒介は付随業務として掲げられてはおりません。もっとも、銀行は、保険媒介業務の種別に係る登録を受けて、一定の要件のもと、保険媒介業務を行うことができ（金サ法17条1項、金サ府令20条）、銀行法上は法定他業（銀行法12条の「その他の法律により営む業務」）と位置づけられます。

(3) 有価証券等仲介業務

銀行は、有価証券等仲介業務の種別に係る登録を受けることができませんが（金サ法15条6号）、登録金融機関として登録を受けることにより、有価証券等仲介業務を行うことは可能となります（金商法33条の2、銀行法10条2項8号、11条2号、銀行法施行規則13条3号の2）。

1　株式会社商工中央金庫を除きます。

(4) 貸金業貸付媒介業務

貸金業貸付媒介業務に係る登録拒否事由として、銀行に該当することはあげられてはおりません（金サ法15条7号、金サ令23条、金サ府令17条）。

しかし、銀行法上は、銀行が行うことができる他の金融業者の業務の媒介業務として貸金業貸付媒介業務に該当するような業務は掲げられておらず（銀行法10条2項8号、銀行法施行規則13条各号参照）、したがって、銀行は基本的に貸金業貸付媒介業務を行うことができないと解することが自然と考えられます。

3　金融サービス仲介業と銀行・銀行持株会社の子会社範囲規制

WG報告における考え方に基づき、銀行および銀行持株会社の子会社範囲規制（銀行法16条の2、52条の23、52条の23の2）と金融サービス仲介業の関係については、銀行法において、以下のように規定されています。

銀行または銀行持株会社の子会社が行うことのできる「金融関連業務」には、①預貯金取扱金融機関[2]の業務（信託業務を除きます）の媒介に係る業務、②金銭の貸借の媒介（手形の割引によってする金銭の授受の媒介を含みます）であって業として行うもの、③保険媒介業務、および④投資顧問契約・投資一任契約の媒介に係る業務が含まれています（銀行法16条の2第1項11号・2項2号、52条の23第1項10号ロ、銀行法施行規則17条の3第2項1号・1号の2・2号・3号の5・4号）。

銀行または銀行持株会社は、（投資顧問契約・投資一任契約の媒介を除く）有価証券等仲介業務やこれに付随する業務等をもっぱら営む会社を子会社とすることができます（銀行法16条の2第1項4号の2、52条の23第1項3号の2、銀行法施行規則17条の2第3項）。

以上のほか、銀行または銀行持株会社の子会社が、いわゆる銀行業高度化等会社（銀行法16条の2第1項12号の3、52条の23第1項11号の3）として金融

2　株式会社商工中央金庫を除きます。

サービス仲介業を行う余地もあるものと考えられます。

Q48 第一種金融商品取引業者・投資運用業者の業務範囲規制上、金融サービス仲介業はどのように取り扱われますか。

A 第一種金融商品取引業者・投資運用業者は、預金等媒介業務・保険媒介業務・貸金業貸付媒介業務を届出業務として行うことができます。一方、第一種金融商品取引業者は、有価証券等仲介業務を行うことができません。投資運用業者の業務範囲規制との関係では、投資顧問契約・投資一任契約の締結の媒介以外の有価証券等仲介業務が付随業務に該当すると解釈することが適切ではないかと考えられます。

解　説

1　WG報告における考え方

WG報告は、金融サービス仲介業と金融機関の業務範囲規制に関し、以下のような考え方を示しています。

「金融機関（銀行・証券会社・保険会社等）が新たな仲介業を兼業すること……については、金融機関が既存の仲介業を兼業すること……との可否にならって整理することが適当である」

2　金融サービス仲介業と第一種金融商品取引業者・投資運用業者の業務範囲規制

このようなWG報告における考え方に基づき、第一種金融商品取引業者または投資運用業者の業務範囲規制（金商法35条）と金融サービス仲介業の関係については、金商法および金サ法において、以下のように規定されています。

(1)　預金等媒介業務

金商法上、預金等媒介業務は届出業務とされていますので（金商法35条２項７号・３項、金商業等府令68条13号）、第一種金融商品取引業者および投資運用業者は、遅滞なく届出を行うことにより、預金等媒介業務を行うことができます。

なお、預金等媒介業務を行う金融サービス仲介業者については、その主たる兼業業務の内容によって取扱い可能な与信商品の範囲について一定の制約を受ける点について、留意を要します（金サ法15条４号、金サ府令16条、金サ監督指針Ｖ－２－３－２および別紙２。Q24も参照）。

⑵　保険媒介業務

金商法上、保険媒介業務は届出業務とされていますので（金商法35条２項７号・３項、金商業等府令68条５号）、第一種金融商品取引業者および投資運用業者は、遅滞なく届出を行うことにより、保険媒介業務を行うことができます。

⑶　有価証券等仲介業務

Q12のとおり、第一種金融商品取引業者は、有価証券等仲介業務を行うことはできません。

他方、投資運用業者は、投資顧問契約・投資一任契約の締結の媒介（金サ法11条４項４号）以外の有価証券等仲介業務については金サ法上は制約されていません（金サ法11条４項柱書）。したがって、投資運用業者との関係では業務範囲規制が問題となります。

この点、金商法上、有価証券等仲介業務については、これを付随業務または届出業務とする明示の規定はありません。もっとも、有価証券等仲介業務は本来は金融商品取引業に該当する行為であって（Q12参照）、同じく金融商品取引業である投資運用業との接点が認められること、さらに、他の預金等・保険・貸金業貸付けに係る媒介業務がこのQにおいて説明されるように届出業務とされていることからすれば、承認業務（金商法35条４項）とするにはバランスを欠くと考えられますので、「その他の金融商品取引業に付随する業務」（金商法35条１項柱書）に該当すると解釈することが適切ではないかと考えられます。

⑷　貸金業貸付媒介業務

金商法上、金銭の貸借の媒介に係る業務は届出業務とされていますので（金商法35条２項３号・３項）、第一種金融商品取引業者および投資運用業者は、遅滞なく届出を行うことにより、貸金業貸付媒介業務を届出業務として行うことができます。

Q49 保険会社の業務範囲規制・子会社範囲規制との関係上、金融サービス仲介業はどのように取り扱われますか。

A 保険会社は、預金等媒介業務・貸金業貸付媒介業務を付随業務として行うことができますが、有価証券等仲介業務・保険媒介業務を業務の種別とする金融サービス仲介業者の登録を受けることはできません。保険会社・保険持株会社の子会社が営むことのできる「金融関連業務」には一定の媒介業務が含まれ、保険会社・保険持株会社は有価証券等仲介業務をもっぱら営む会社を子会社とすることもできます。

解　説

1　WG報告における考え方

WG報告は、金融サービス仲介業と金融機関の業務範囲規制・子会社範囲規制に関し、以下のような考え方を示しています。

「金融機関（銀行·証券会社·保険会社等）が新たな仲介業を兼業すること又は子会社とすることについては、金融機関が既存の仲介業を兼業すること又は子会社とすることの可否にならって整理することが適当である」

2　金融サービス仲介業と保険会社の業務範囲規制

このようなWG報告における考え方に基づき、保険会社の業務範囲規制（保険業法98条～100条）と金融サービス仲介業の関係については、保険業法および金サ法において、以下のように規定されています。

⑴　預金等媒介業務

保険会社は、認可または届出を経たうえで、預金等媒介業務を付随業務として行うことができます（保険業法98条１項１号・２項、保険業法施行規則51条３号）。

なお、預金等媒介業務を行う金融サービス仲介業者については、その主たる兼業業務の内容によって取扱い可能な与信商品の範囲について一定の制約を受けますが、保険会社についてはこのような制約を受けないものとされています（金サ法15条４号、金サ府令16条、金サ監督指針Ｖ－２－３－２および別紙２。Q24も参照）。

(2) 保険媒介業務

保険会社は、保険媒介業務を業務の種別とする金融サービス仲介業者としての登録を受けることはできません（金サ法15条５号）。

(3) 有価証券等仲介業務

保険会社は、有価証券等仲介業務を業務の種別とする金融サービス仲介業者としての登録を受けることができません（金サ法15条６号、金サ令22条10号）。同様の業務は登録金融機関として登録を受けることで実施することが可能となります（金商法33条の２）。

(4) 貸金業貸付媒介業務

保険会社は、従来より、認可または届出を経たうえで、付随業務として金融業を行う者の資金の貸付けに係る事務の代行を行うことができます（保険業法98条１項１号・２項、保険業法施行規則51条４号）。また、貸金業貸付媒介業務に係る個別的な登録拒否事由に、保険会社および外国保険会社等は規定されていません（金サ法15条７号、金サ令23条、金サ府令17条）。

したがって、保険会社は、貸金業貸付媒介業務を業務の種別とする金融サービス仲介業者としての登録を受けることができるものと考えられます。

3　金融サービス仲介業と保険会社・保険持株会社の子会社範囲規制

WG報告における考え方に基づき、保険会社および保険持株会社の子会社範囲規制（保険業法106条、271条の22）と金融サービス仲介業の関係については、保険業法において、以下のように規定されています。

保険会社または保険持株会社の子会社が行うことのできる「金融関連業務」には、①預貯金取扱金融機関[3]の業務（信託業務を除きます）の媒介に係る業務、②保険媒介業務、および③投資顧問契約・投資一任契約の媒介に係る業務が含まれています（保険業法106条１項12号・２項２号、271条の22第１項12号ロ、保険業法施行規則56条の２第２項２号の２・17号・34号・34号の２）。

保険会社および保険持株会社は、（投資顧問契約・投資一任契約の媒介を除く）有価証券等仲介業務やこれに付随する業務等をもっぱら営む会社を子会社とすることができます（保険業法106条１項６号の２、271条の22第１項６号の２、保険業法施行規則56条３項）。

以上のほか、保険会社の子会社が、いわゆる保険業高度化等会社（保険業法106条１項13号の２）として金融サービス仲介業を行う余地もあるものと考えられます。

3　株式会社商工中央金庫を除きます。

事項索引

【ア行】

イコールフッティング……Q3、Q34、Q35、Q36、Q37
一般社団法人日本金融サービス仲介業協会……Q3、Q46
API接続……Q18
オフサイト・モニタリング……Q27
親会社……Q25
オンサイト・モニタリング……Q27

【カ行】

カードローン……Q7、Q16
外貨建て保険……Q10
外貨預金等……Q7
外国市場デリバティブ取引……Q13
外国相互会社……Q41
外務員登録……Q35
火災保険……Q10
貸金業……Q15
貸金業貸付媒介業務……Q4、Q14、Q37、Q47、Q48、Q49
貸金業者……Q37
貸金業務取扱主任者……Q37
株主……Q25
監督……Q27
監督指針……Q3
監督当局……Q20
規格化された貸付商品……Q7、Q24
業務改善命令……Q27
業務停止命令……Q27
業務の種別……Q21、Q24、Q26
業務範囲……Q24
業務範囲規制……Q6、Q34、Q47、Q48、Q49
銀行……Q47
銀行業高度化等会社……Q47
銀行代理業……Q6、Q34
銀行持株会社……Q47
金銭等の預託……Q32
金融関連業務……Q47
金融サービス仲介業……Q1
金融サービス仲介業者賠償責任保険契約……Q28、Q29
金融サービス仲介業の登録……Q21
金融サービス仲介業を適確に遂行するに足りる能力を有しない者……Q23
金融サービス仲介法制……Q1
金融サービスの提供に関する法律……Q1、Q2
金融商品仲介業……Q12、Q35
金融商品販売業者等……Q40
苦情処理措置……Q33
結約書……Q41
兼業規制……Q24
兼業業務……Q21、Q22、Q24
検査……Q27
行為規制……Q3、Q28
更新系……Q19
子会社……Q25
子会社範囲規制……Q47、Q49
顧客に関する情報の適正な取扱い……Q31
顧客に対し高度に専門的な説明を必要とするものとして政令で定めるもの……Q7、Q10、Q13、Q16
個人情報保護……Q31

コンプライアンス責任者……Q23
コンプライアンス統括責任者……Q23

【サ行】
参照系……Q19
事業報告書……Q43、Q44
仕組み債等……Q13
仕組み預金等……Q7
施行時期……Q2
事故等……Q26
自主規制機関……Q46
自主規制規則……Q46
市場デリバティブ取引……Q13
システムリスク管理……Q38
事前相談……Q21
指定紛争解決機関……Q33
収納代行……Q32
純資産額……Q45
商行為……Q41
商人……Q41
情報管理……Q31
情報セキュリティ……Q38
情報提供義務……Q30
情報の提供……Q28
所属制……Q6、Q9、Q12
誠実・公正義務……Q28
相互会社……Q41

【タ行】
第一種金融商品取引業……Q12、Q35、Q48
代理……Q41
代理商……Q41
仲介手数料……Q30
帳簿書類……Q42
締約代理商……Q41
ディスクロージャー……Q43、Q44
適合性原則……Q31
電子金融サービス仲介業務……Q18、Q19、Q26、Q38、Q45
電子決済等代行業……Q3、Q4、Q18、Q19、Q38、Q45
投資運用業者……Q48
投資助言・代理業（代理・媒介業務）……Q12、Q35
登録拒否事由……Q22
登録金融機関業務……Q47
登録申請書……Q21
登録取消し……Q27
特定金融サービス契約……Q31、Q34、Q35、Q36
特定事業者……Q39
特定保険契約……Q10、Q36
特定預金等契約……Q7
特別の非公開情報……Q31
届出……Q26
届出業務……Q48

【ナ行】
名板貸し……Q28
仲立人……Q41
認定金融サービス仲介業協会……Q3、Q35、Q36、Q46

【ハ行】
媒介……Q17、Q40、Q41
媒介代理商……Q41
反社会的勢力……Q39
犯収法……Q39
標識……Q28
標準処理期間……Q21
付随業務……Q48
紛争解決措置……Q33
変額保険……Q10

変更登録 …………………………… Q26
返済能力情報 ……………………… Q31
報告徴求命令 ……………………… Q27
法定帳簿 …………………………… Q42
保険会社 …………………………… Q49
保険業高度化等会社 ……………… Q49
保険代理店 ………………… Q 9、Q36
保険仲立人 ………………… Q 9、Q36
保険媒介業務
…· Q 4、Q 8、Q36、Q47、Q48、Q49
保険媒介業務関連行為 ………… Q 8
保険持株会社 ……………………… Q49
保証金 ……………………… Q28、Q29
保証金の供託 ……………………… Q45

【マ行】

民事代理商 ………………………… Q41
民事仲立人 ………………………… Q41
モニタリング ……………………… Q27

【ヤ行】

有価証券等仲介業務
…· Q 4、Q11、Q35、Q47、Q48、Q49
預金等媒介業務
…· Q 4、Q 5、Q34、Q47、Q48、Q49
預貯金取扱金融機関 ……… Q19、Q38

【ラ行】

レバレッジ型やインバース型の
ファンド ………………………… Q13

【ワ行】

ワンストップ …………………… Q 2

Q&A金融サービス仲介業

2021年11月24日　第1刷発行

監修者　有吉尚哉
編著者　芝　章浩
　　　　下田顕寛
　　　　山本俊之
発行者　加藤一浩

〒160-8520　東京都新宿区南元町19
発　行　所　一般社団法人 金融財政事情研究会
企画・制作・販売　株式会社 き ん ざ い
出 版 部　TEL 03(3355)2251　FAX 03(3357)7416
販売受付　TEL 03(3358)2891　FAX 03(3358)0037
URL https://www.kinzai.jp/

校正：株式会社友人社／印刷：株式会社日本制作センター

ISBN978-4-322-14001-9